实战创业法

[日] 大川隆法 著
权夏萍 叔于田 译

Advice for Entrepreneurs

吉林出版集团股份有限公司

图书在版编目（CIP）数据

实战创业法／［日］大川隆法著；权夏萍，叔于田译．— 长春：吉林出版集团股份有限公司，2018.9
　ISBN 978-7-5581-5386-0

Ⅰ．①实… Ⅱ．①大… ②权… ③叔… Ⅲ．①企业管理 Ⅳ．①F272

中国版本图书馆CIP数据核字（2018）第143395号

《实戦起業法》《経営の創造》《財務的な思考とは何か》by Ryuho Okawa
© 2014 Ryuho Okawa
All right reserved.No part of this book may be reproduced in any form without the written permission of the publisher.
吉林省版权局著作权合同登记号：图字07-2018-0009号

实战创业法
SHIZHAN CHUANGYE FA

作　　者：［日］大川隆法
翻　　译：权夏萍　叔于田
责任编辑：金　昊
特约编辑：邱　洁
封面设计：黄圣文
排版设计：北京书情文化发展有限公司
出　　版：吉林出版集团股份有限公司
发　　行：吉林出版集团社科图书有限公司
电　　话：0431-86012745
印　　刷：宁夏凤鸣彩印广告有限公司
开　　本：880mm×1230mm　1/32
字　　数：120千字
印　　张：7.5
版　　次：2018年9月第1版
印　　次：2018年9月第1次印刷
书　　号：978-7-5581-5386-0
定　　价：39.90元

如发现印装质量问题，影响阅读，请与印刷厂联系调换。

前言

不少人将"经营"等同于"管理"或者"运营",这种认识是错误的。在学校里,班主任负责对学生们的学习和生活进行指导,可以说这是"管理",但绝不是"经营"。环卫局每天来收垃圾,安排车辆以及人员的轮换顺序,这是"运营"而非"经营"。

所谓的"经营",是指创造、守护、培育、发展新的事业。对于企业来说,一味地防守不足以应对风云莫测的市场,必须主动出击,不断挑战新的目标。

我的本职工作与精神领域相关，但其实我大学时就读的是东京大学法学部，"国际政治"和"政治哲学"才是我的专业，我是一个是对"私法""公法"和"政治"三个领域都很熟悉的全能型法学系学生。

后来我进入大型商社并被派往纽约工作。我作为纽约总部最年轻的财务运营官，成为年度进出口额、三国间贸易额及国内外汇业务额高达一万亿日元财务工作的实际运营者。回日本后，我职位晋升，在东京负责与二十家大型银行进行资金往来的交涉，在名古屋分行时曾一人独自负责整个分行的资金周转、决算以及外汇业务。

在别人眼中我是前后十年无人能敌的拼命三郎。别人常说以我的工作量，公司付我当时工资的十倍都不为过。就是这样的我，在三十岁时急流勇退，独自创业，建立起日本同行业里最大规模的事业团体。

本书凝结了我很多与创业相关的思想和线索。如何发现自己的特性，如何寻找商机开创新事业，如何让自己的创业项目在同行业中独树一帜,如何赢得消费者的热切支持?书中我会从不同的视角出发进行分析。希望本书能为你拓宽视野,打开思路。希望各位都能够从容驰骋商界,笑看风云。

大川隆法

目录 contents

第一部分 实战创业法

1 如何选择创业方向

从需求中寻找工作机会是常规之道 004

我在创业时的体验 004

在需求的"不毛之地"开辟出市场的人才是真正的创业家 008

创业成败的关键在于决心的强弱 010

学生时代最好在打工中积累经验 011

不擅长的事情做着做着就有趣起来了 012

在一无所知的领域创业的特殊例子 015

先工作再创业也是一个不错的选择 016

在一无所知的领域创业，顾问是个好拐杖 018

实战创业法

边工作边发掘自己的长项才能为创业积蓄力量　019

创业之初，谨慎为重　021

最初的合作伙伴往往中途离场　023

观察学习有经验的人　025

不发号施令如何实现管理　027

个人信用和财务信用都至关重要　030

树立"公司就是公共存在"的意识　031

创业伊始，我从顾问那里学到很多东西　033

确定发展规模之前，不要急于购置土地或厂房　035

培养忠实的客户群是成功的关键　036

在精神内涵上标新立异　037

2 创业直至做大的关键

凭"创一代"之力把企业做大难如登天　039

连锁拓展经营所必要的措施　041

社长事必躬亲，企业无法实现腾飞　043

创业初期，分不清"感想"和"指示"的员工们　046

上层的意见可与众人共享　047

人事提拔的成功率为四成　050

创业前期辞职的人越多，企业发展壮大的可能性越大　051

一流公司的部长也未必是经营达人　053

举债购置总部大楼是个危险的经营举措　055

败将有机会东山再起——古罗马军队式的人事制度　057

为什么让二十多岁的人进入管理层　058

3 心系创业的学生们应该学些什么

寻找商业原始资本，兼具出色的文科素养　060

两个方法让你学会如何用人　062

在自己擅长的领域之外适当涉猎　063

顺境逆境皆不停辍，这才是真正的经营　065

第二部分　经营的创造

1 做一名优秀的观察者

经营成功学——以一决生死的决心，力争百战百胜　069

从社会观察中能够得到很多启发　071

2 找到适合自己的事业

每个人都有适合与不适合的事业　073

如何找到适合自己的方向：①回想自己曾得到的表扬　074

如何找到适合自己的方向：②到街上走一走　076

如何找到适合自己的方向：③好恶取舍之中显才能　080

如何找到适合自己的方向：④对某个事情无感说明自己不适合该行业　082

如何找到适合自己的方向：⑤自己与他人不同的地方在哪里　084

3 有些能力可以通过努力来获得

畏首畏尾的性格也有可能彻底改变　086

希望"返老还童"，外观就会变得年轻　088

心里想要治好眼睛，视力就真的会恢复　089

强烈的愿望能够让人焕然一新　092

努力，可以弥补天分的不足　093

目录 contents

4 如何寻找商机

寻找商机的方法　096

创造出"被争相模仿"和"别人模仿不来"的东西　099

坚持调查研究　101

独树一帜让国际教养大学大获成功　103

习惯用眼睛搜集信息的人也需要侧耳倾听　104

能否抢先一步是胜负的关键　106

5 如何长久立于不败之地

投入决定产出　107

提高附加值　109

将不同性质的东西结合起来，会得到不一样的惊喜　110

惊喜案例之一：火焰冰淇淋　111

惊喜案例之二：油炸冰淇淋　112

惊喜案例之三：反季节的红枫叶　113

制造惊喜背后的动机　114

墨守成规会失去回头客　115

老牌旅馆也应认真应对顾客投诉　116

优秀营业员和店长们的共同点　118

依靠创造惊喜来占据绝对优势　119

6 注重培养人才，事业才能做大做强

众人拾柴火焰高　122

如何让他人为你所用　123

在扩大事业版图的同时，提高培养人才的能力　125

第三部分　何谓财务的思考

1 财务的概念

从实践经营学的角度来谈财务的思考方式　131

上层领导必须具备财务方面的思考能力　132

财务和会计的区别　134

账面盈利破产缘何出现　135

避免资金短缺　138

不可单凭票面额度判断资产价值　140

目录 contents

财务——企业的"血液循环系统" 143

2 财务的工作

企业发展阶段，会计部门的作用 147

与银行交涉是财务人员的工作 149

财务部门制定资金规划 151

人事、总务、秘书等管理部门 152

财务的寓攻于守——资金运营 153

技术或销售出身的管理者常有的缺点 156

战略性财务思考 158

适时急流勇退也是财务的工作 160

3 两种不同经营者的财务思考模式

打折促销和合理利润中体现着不同的经营理念 164

绝不涉足地产业的松下幸之助 166

打折路线和合理利润的局限 169

4 财务的感觉

敏锐洞悉投资和成本的区别 171

企业超过一定规模，财务专员不可或缺 173

人力难以左右投资的成败 174

以财务的思维方式分析战争时期的贸易与风险 176

5 无借款经营

无借款经营不易实现 180

持有自有资产的企业才能赢得银行信任 181

用来摆脱萧条的凯恩斯经济学 183

凯恩斯经济学中的陷阱 186

哈耶克式的小型政府与资本主义精神 190

6 财务的工作——防破产于未然

高层领导对高消费趋之若鹜，即是公司破产之时 192

要降低债务额度，削减交际费、闲置资产等 194

企业提前还款时，要与银行进行交涉 196

什么是贷款保证金 198

平衡长期贷款和短期贷款的比例 200

"大换血"时需要重置直接部门和间接部门的比例 201

目录 contents

7 财务思考的严峻性

做财务判断需要"鬼手佛心" 203

对上层领导要勇于直谏 204

身为企业人,赤字即是罪恶 205

财务工作的核心是量入为出 206

8 谨慎投资,稳步运营

比起筹集资金,使用资金的难度更大 208

时下处于资本主义的危机时代 209

区分是否存在泡沫成分非常重要 210

金融危机暴露出资本主义发展的局限 213

投资不可偏离正道 215

从公益的角度论事业的是与非 216

稳步运营,展现辉煌成果 220

后　记　223

第一部分 实战创业法

1 如何选择创业方向

在创业伊始，选择事业方向是每一个创业者都会面临且需要慎重考虑的问题。这不仅要结合个人喜好，还要确保事业有特定的社会和市场的需求——这样企业才能长远发展。但是很多时候，自己的意向、兴趣或比较关注的领域与社会及市场需求未必能保持一致。在这种情况下，应该优先考虑前者还是后者呢？

从需求中寻找工作机会是常规之道

一般来说，如果在某个领域中存在大量的社会需求，哪怕自己对这个领域毫无兴趣，那么从事这些领域的工作也应该错不了。然而，如果让你兴趣盎然、十分倾心的领域里不存在任何市场机会，那么这个方向其实不太适合创业。

通常人们会从有需求的地方寻找就业机会，但这个方向未必完全正确。

可以的话，我还是希望大家从事的工作是自己感兴趣且非常关注的领域，然后在这方面努力成功。想在自己不喜欢的领域把工作做得有声有色其实并非易事。也许你会从中得到不菲的经济收益，但失去了"兴趣"这一要素，哪怕将来事业有成也算不上是真正的成功。

我在创业时的体验

当然，也有人能在自己感兴趣却没有市场需求的领域闯出

第一部分 实战创业法

一片天地。

20世纪70年代发生的石油危机导致日本经济状况阴晴不定，混乱不堪。之后，终于获得复苏的日本经济却从80年代开始一头扎进泡沫。这片经济泡沫在1989年膨胀到顶峰，然后就从1990年开始黯然走向破灭。

我从公司辞职的时间是1986年，正是泡沫经济的鼎盛时期。当时日本国内经济形势非常乐观，所有人都在一片"歌舞升平"中陶醉不已。在这种情况下，我却毅然辞职，走上了独立创业的道路。

我开创的事业是在精神方面。如果你问我，这项事业在当时有没有社会需求，我可以明确回答你，完全没有。因为精神领域的事业团体一般在经济低迷期才有崛起的可能。当经济形势惨淡，公司接二连三地破产，越来越多的人开始烦躁不已、不知所措时，这一行业才有"抬头"的机会。

20世纪70年代，很多精神领域的团体曾欣欣向荣。当时，日本国内公害问题爆发，媒体对此进行了大肆报道，企业

实战创业法

则围绕着"是否要在解决公害问题上下功夫"这个课题打转。那段时间,某些团体对公害问题和企业体制进行批判,主张"唤醒人性回归,提高人类自身的重要性,恢复人的本心";呼吁"切勿一味追求经济发展";探讨"人的一生应该如何过",并认为"这才是最根本的问题"。这些主张使这些团体在一时间获得了人们的追捧。

所以大家看,公害问题频发或者经济陷入低迷时,人们精神方面的需求才比较旺盛,但在泡沫经济"营造"的一片繁荣之下从事精神方面的工作,绝不是一种明智的做法。

当时,市场上获利的空间无处不在,大家都为赚钱忙得不亦乐乎。企业的销售额节节攀升,所有人都深信,它还会无限制地持续增长下去。所以,我选择抽象的精神领域作为自己创业方向看起来似乎是一件特别不划算的事。

我辞职一个月后接到了曾经的上司的电话。这位上司当时在一家证券公司做部长,他问我:"听说你辞职了,怎么回事?"我回答:"我想写写书。"他劝我说:"靠写书能活下去的人，一万人里面都出不了一个吧？你这么做根本行不通。我有一位朋友从东京银行辞职，最近自己创业开公司了。他的贸易公司做的是奔驰汽车的进口业务，就像伊藤忠旗下的YANASE（柳濑株式会社）一样。现在他急需一个人来帮他处理所有的外汇业务，你要不要来试试？职业前景绝对没得说。你既能处理进出口业务，又有机会到美国等海外出差，还能接触三国间贸易和国内生意往来，简直大有用武之地。你对外汇、贸易和财务等各方面业务都很熟悉，来试试吧！至于薪水嘛，对方说付你以前薪水的两倍都没有问题。"

这确实是个不错的选择。尽管老上司再三邀请，可我还是毫不犹豫地拒绝了他。我也觉得写书恐怕维持不了生活，但那时候我创业的决心已经不可动摇了。

如今，我们集团的工作完全不涉及外汇业务。当然，如果想做的话，也没什么不可以：设立一间外汇办公室，买进卖出各国货币，可能多多少少也做得来。但因为完全没有这个必要，我的这部分知识也就随之休眠了。

的确，业务上的全能型人才并不多见。如果有意创建一家贸易公司，像我这样的复合型人才想必是不可或缺的，但我对这一行并没有什么留恋，所以最终选择坚定地走向自己的创业之路。

如此坚定也是出于特别的原因——上天特别"指名"我来从事这项工作。我认定这是一种"天命"，是不可抗拒的，于是义无反顾地投身其中。至于"有没有需求""社会评价好或坏"，这些一概无关紧要。

说起来，这个行业很容易成为众矢之的，所以原公司的同事们都很不理解我为什么会这样做。我从公司辞职时，是抱着"恐怕要当一辈子光棍司令"的想法毅然走掉的。

我不否认，从常识角度来看，这种做法确实太离谱了。

在需求的"不毛之地"开辟出市场的人才是真正的创业家

我的创业经历确实是个特例。当然，大家可能听不到命运的声音，但其实个人内心的痛苦挣扎却是真实存在的，它在拼命呐喊"这才是我真正想做的""即使这个愿望毫无社会需求，我也要坚持到底"。在进行抉择的过程中，当真是痛苦万分。

从一般原则上来讲，以自己的兴趣、长久以来从事的工作以及关注的领域为出发点来创业更符合内心真正的追求和期望。这样创业会相对容易一些，这是无可辩驳的事实。

然而，如果市场上完全没有这份需求，可你还是渴望去尝试一下的话，那就应该亲手去创造出这份需求。

松下幸之助先生也说过类似的话，他说："一般来说，在有需求的地方提供供给，这种商业多半都会成功。但是有了需求才考虑供给，其实已经慢了市场一拍。在看起来谁都会做的事情里，以及那些被认为是理所当然的事情里，主动创造出需求，这才是重点。"

能够在需求的"不毛之地"主动创造出市场的人，才是真正的创业家。在大家质疑"这么做行吗""这买卖做得成吗"

实战创业法

或者"这种事业做得起来吗"的时候,毫不犹豫地投身其中,才能体现创业家的执拗精神。

创业成败的关键在于决心的强弱

一头扎进已经成型的市场,在其中打拼出属于自己的一片天地——这几乎是个固定招数。然而,如果有人极具先见之明,抢先一步向从未有人涉足过的利基市场(缝隙市场)出手,那么也算是一种别样的创业模式。

只不过,一手发掘全新的需求并创造全新的市场,这份工作确实辛苦至极。

如果这种别出心裁的创业果真获得了成功,那么这家企业在这个领域就是一枝独秀。创业初期,你还可以默默无闻地从事这个行业,但如果商机逐渐显露,那么大公司肯定就要出手了。资金和实力更加雄厚的大公司介入的话,自己的市场就会渐渐被瓜分。

在常来参加我演讲会的人当中,有位蔬菜工厂的经营者。

当他的工厂逐渐发展壮大、崭露头角后，大型工厂也闻风而动，将手伸向了蔬菜生产的领域。资金实力、人才储备及信用等级都更优越的对手的介入，使整个行业的竞争变得可怕起来。这位经营者感叹道："人家都不知道我的时候，我干得还挺好。可现在……"

鉴于这些情况的存在，个人创业的结局也变得扑朔迷离。这时决定成败的关键，很大程度上还要看个人的创业心究竟有多么强烈。首先，在自己熟悉和擅长的领域创业比较容易。而当"无论如何都想试试"的想法特别强烈时，先多加考虑，再行动，因为你只能靠自己的直觉在那些市场尚不明朗的领域赌一把了。

学生时代最好在打工中积累经验

如果在一个全新的领域创业，失败的风险就会陡然增高。如果在读大学时创业的话，学生则有可能无法兼顾学业，甚至中途退学。

因此，学生创业绝不是一件简单的事。

实战创业法

考虑到生活的环境和熟悉的领域，很多学生都会在教育业或者自己打工的行业外围领域着手创业。对他们而言，投入成本较低的行业是一个非常好的突破口。

创业需要原始资本。说到原始资本，只有金钱是不够的，知识和经验也是原始资本的重要组成部分。所以，学生身份的创业者或刚出校门就创业的年轻人，最好在学生时代多打几份工，积累相关的实践经验和知识。

如果自己心仪的事业恰好与打过工的行业一致，那么只专注于这个行业也是个极好的选择。如若不然，打工时最好多涉及几种行业，学习"操作规程""职场礼仪和人际关系处理""金钱观念"以及"如何应对客户"等知识，将来对自己的创业大有裨益。

不擅长的事情做着做着就有趣起来了

即便是不甚熟悉、兴味索然的事情，在尝试的过程中也可能会慢慢发现其中的乐趣。这种"干一行，爱一行"的乐趣就

第一部分 实战创业法

是在体验的过程中慢慢培养起来的。

举个例子,最近我看了武井咲主演的电视连续剧《明日香工高进行曲》。剧中武井饰演的主人公中考失利,没能进入自己心仪的高中,阴差阳错地来到了明日香工业高中。但是,她这一级只有两位女学生,其他都是男生。那些男生穿得脏兮兮的不说,还经常赤裸着上半身疯跑,甚至到处使坏捉弄女生。学校里女更衣室更是仅有一个,以至于女同学们不得不时常跑到别的大楼里换衣服。这一切都让她感到无比崩溃,令她无论如何都想立即转校逃离这个地方。

由于是工业高中,学生们在这里学习的课程都是工业机械类内容,还要制作各种机械器具。面对这些东西,女主人公觉得这所学校完全不适合自己,对这里的生活极其厌恶。

但是,在学习的过程中,她身上沉睡的"制作热情"逐渐苏醒,开始享受穿着满是油污的工作服和臭烘烘的男生们一起加工机械废材的乐趣了。后来,她深深喜爱上了这所工业学校,放弃了转学申请。最后,这个女孩竟然成长为学校里的领

013

袖和骨干。

虽然一开始觉得"这哪里是我该干的"或"我是因为考试落榜才阴差阳错进了这所鬼学校",但在学习、体验的过程中,我们却有可能渐渐被一些内容所吸引,喜爱上有创造性的工作,这样一切也就变得趣味横生了。

剧中,周围的同学和女主角差异很大,也有人是因为要继承家里的工厂才进入工高学习的。但是同与自己背景不同的人相处,其实可以帮助我们更深刻地理解人与人之间的差异,积累更多的经验并扩大自己的视野,甚至看见事业的方向。这个过程也是充满乐趣的。

而我因为这个电视剧,喜欢上了这个演员,后来又看了她的电影《爱与诚》。所以说,喜欢就会去研究,一研究就可能有所成就。兴趣这种东西,并不是在一条笔直的道路中找寻的。它也许在本专业、本行业中,也许藏在其他岔路上。因此,需要打开"信号接收器"多方尝试。另外,看漫画或电影时也能学到不少东西,因为里面的一些东西也能引起思考。总之，有必要在不擅长的领域里多挑战自己。

在一无所知的领域创业的特殊例子

一般情况下，如果想在完全不曾接触过的领域里开辟一片天地，难度是非常大的。

面对全新的知识和事物，要将其完全掌握所花费的时间因人而异，这是因为人的资质千差万别。比如，酒店新入职的员工中，有些人在短短两三天就能做到游刃有余，而有些人在半年后还是磕磕绊绊，因此后者被训斥也成了家常便饭。

我曾就职于商社，但在入职前，我对商社的情况一无所知。如果人家让我列举几个商社的名字，我恐怕一个都说不出来。而其他人却大多进行过一些了解，对商社工作有备而来。很多人还专门去国外留学一年，或是走遍世界各地，千方百计备好自我推销的材料。如今回想起来，其实我当初入职时所处的形势是对自己相当不利的。

这样看来，学生时代还是去打打工，积累一点基础知识或

实战创业法

相关经验比较好。

先工作再创业也是一个不错的选择

我想强调的重点是，并不是只有毕业就创业才是好的。

就我了解的情况来看，一般来说，外表光鲜靓丽的人，无论男女，进入条件非常优越的公司都相对更容易些。如果问什么是王道，我想，这就是王道。在日本，"外表和蔼正派，给人好印象的男性"和"能够赢得同性好感且具有一定学习能力的女性"迈入优质公司的大门通常都易如反掌。事实上，人事部也对应聘者的工作能力一无所知。而通过面试就能准确地挖掘出工作达人的可能性微乎其微。一个人，要先招进来，再经过几年甚至十多年的观察，才能明白他究竟几斤几两。那么，人事部到底要怎么办呢？为了避免以后落人口实，他们干脆一律录用那些外表看来更加出众的候选人。

基于这些原因，那些备受大家追捧的公司，也就是竞争率高达行业平均水平十倍、二十倍甚至三十倍的公司在招聘时，

第一部分 实战创业法

往往有这种倾向——录用外表看起来更符合公司气质的人，至少日后比较容易不被诟病。

在面试阶段，面试官根本无法看到应聘者真实的工作能力。即使像商社这类地方，能升到课长职位的员工也只有一半左右。而据说在生产型企业中，升迁到这个位置的概率会低至六分之一到十分之一。

也就是说有些人即使没有升到管理层的资质，但还是有机会进入大公司的，而在别的地方发展得风生水起的人也可能被大公司拒之门外。孰好孰坏，永远是雾里看花，让人捉摸不透。所以，如果一个年轻人具备各种客观条件，且有机会进入工作稳定且收入丰厚的公司，先工作也不失为一个明智之举。万一今后在这个公司发展得不甚如意，还可以以这里为跳板跳槽，或者凭借在这个公司积累的工作经验自主创业。

自主创业的情况多半都是掌握了所从事行业的必要知识，在与之相关的行业里开创自己的事业。这也是一种传统的、按部就班的理论。

在一无所知的领域创业，顾问是个好拐杖

创业起步越早，难度就越大。相应地，越艰难的创业，一旦成功，回报也就越丰厚。

例如斯蒂夫·乔布斯、比尔·盖茨这些人物，他们创业起步都相当早。比尔·盖茨认为如果自己坐等到哈佛毕业的那一天再创业，就会被别人远远地抛在后头。所以他只读了一年大学就决定退学去开创自己的事业。

事实就是如此。在信息技术这个行业里，耽误四年大好时光的后果恐怕就是被对手远远地甩在后头。到头来，只能望着别人的成果兴叹。在这方面，比尔·盖茨可谓是个善于把握时机的"扑克大师"，总能在你追我赶中轻松胜出。

但是，一般来说，如果想在自己完全不了解且没有任何经验的领域创业，这可就难了。即使对那些聪明灵活、一点即通的人来说也绝非易事。

这时，如果有一个比自己年长又有经验的良师益友或者顾

问能给自己提供建议和指导，那就太好了。

边工作边发掘自己的长项才能为创业积蓄力量

在大公司具有明显优势的部门里工作的那一类人，做出的工作业绩很大程度上是依靠部门的优势资源。一旦失去了公司的光环，我们就不敢对他们自身的能力有太多的期待了。背靠着大公司这棵大树，这些人对自己实力的判断往往与事实差之千里。这时，如果突然向他们抛出"能否从零开始创业"的问题，恐怕会令他们陷入前所未有的窘境。

创业时，首要任务是发掘出自己的强项。这个强项究竟有什么用武之地暂且另当别论，它在创业的过程中确是必不可少的。当然，除了自身的强项之外，创业者还要花时间去学习相关知识。

我在商社就职时并不具备商社所需的基础知识。看到大家都读《日本经济新闻》，我也开始读。但几乎有半年的时间我都读得很茫然。半年后，才多多少少有了点入门的感觉。这类

实战创业法

报道涉及大量的专业术语和图表，其中有些名词在词典上也找不到，所以如果不附带详细的解释，我完全看不懂。很多时候，我都不得不反复阅读，才能逐渐体会到个中含义。

当时，我们公司的老员工们还订阅《东阳经济》《经济家》一类的报纸杂志，他们建议我也偶尔翻翻看看。于是我也开始订阅。经济系出身的人阅读这类经济学杂志自然不费吹灰之力，但我这个法学系的毕业生从未接触过这些东西，刚开始读的时候确实觉得艰涩难懂。

现在回头看，才发现这些经历都在我创业的过程中发挥了至关重要的作用。所以说，工作时也要注意积累必要的知识，锻炼相关技能，厚积薄发，这些说不定以后都会成为你创业路上的一笔宝贵财富。

开辟新事业时，你需要从自己熟悉的领域着手，否则，成功的可能性会非常低。因为在一无所知的行业里创业，绝不是简简单单就能成功的。

如果你依然还想创业的话，那么你就必须找到一位合作伙伴，跟他联手，或者几个人团体运作，因为公司的业务也有一些你不了解的地方。

举例来说，"这部分由我来做好了""我对经营流程较为熟悉，经营部分就交给我吧""我可以负责资金运转的那块儿，但机械方面我就不熟悉了，需要交给专业人士去处理""电脑是你的专长，我希望你能负责这块儿"——像这样，几个人可以组成一个团队合作运营。否则的话，成功对你来说依然是一个遥远的话题。

所以说，如果不能让自己的强项在一定程度上大展拳脚，那么找有强项的人，与他组成团队来创业也不失为一个好的选择。

创业之初，谨慎为重

如果一个人现在就职于公司中具有明显优势的部门，那么虽然这个人在工作中非常风光，待遇也相当优渥，但他在事务处理上却容易变得"武功尽失"。所以，从大型公司出来独立创业的人必须要有从点滴做起、把事业从小逐渐发展做大的心理准备。否则，失败是迟早的事。也就是说，即使目标远大，也要从小处着手。

人们曾对我的一个奇特能力大加赞赏。在创业伊始，大家都很惊讶地夸奖我说："想不到你心思这么缜密，细节都能处理得很到位。"这是因为当时所有的大小事务都是我亲手一点一点做起来的，甚至包括从信箱里取出读者来信、阅读信件内容这样的小事。因为我认为，创业之初，正是要稳扎事业大厦的根基之时，每个细节都不容忽视，所以需要谨慎面对，绝对不能眼高手低。

不过事后回想起来，我有时也会产生这样的怀疑：当初是不是过于谨慎了？

如果我的演讲根本无人问津，那么我们集团就将面临倒闭。这种情况完全有可能发生，所以最初的时候，我还有过这样的念头：如果我的事业进展不顺利，我还必须备好其他退路。我甚至考虑了一下可行的后备计划，比如，把英语拾起来以备求职时用。在这种想法的驱使下,我从公司辞职后还重新参加了一次英语资格考试。有了这个,万一创业失败了,我好歹还能向别人自我推荐或者创办个英语补习班来维持生计。

我的谨慎小心程度可见一斑。

最初的合作伙伴往往中途离场

独木难成林,想创业成功,单靠一个人的力量是不可能的,因此要学会获得他人的援助。用别人的人生经验来弥补自己的不足,这可不是轻而易举就能办到的,所以与具备相关经验和知识的人形成良好的合作关系至关重要。

然而,在合伙创业的过程中,有时也会发生这种情况:事业起步时,合作伙伴之间配合得很愉快,但鉴于这位好搭档对专业领域非常精通,一旦他的"主人公精神"爆发,就会渐渐不再听从伙伴的调遣,开始谋求更大的权力。对此,大家最好事先有所约定。诸事无常,合作关系亦是如此。

最初聚集在身边的同伴能陪你一起走到最后,这种情况

实战创业法

十分罕见。当然，也有一些命中注定的"拍档"，如本田宗一郎[1]和藤泽武夫[2]，能肩并肩一直走下去。但是，最初一起携手的伙伴在中途分道扬镳才是世间常态。

史蒂夫·乔布斯也经历过这样的事情。不过从苹果公司后来的发展来看，这或许并不是一个错误的决定。

创业之初，人们通常都需要和比自己更熟悉业务的人联手合作。在共事的过程中，你需要逐渐掌握知识、经验和技能等必要的东西，并将它们变成自己的财富，还必须进一步地换位思考：如果换作我的话，我要怎么做？

当创业伙伴之间的实力差距逐渐显现，有人想要分出高

---

[1] 本田宗一郎：1906年11月17日—1991年8月5日，生于日本静冈县磐田郡光明村（现滨松市天龙地区）。日本实业家，世界著名的企业家。日本本田汽车创始人、日本本田技研工业株式会社创始人、HONDA品牌创始人。

[2] 藤泽武夫：1910年11月10日—1988年12月30日，生于东京。日本实业家。与本田宗一郎共同创立了本田技研工业（后来的HONDA），并将其发展为跨国企业集团，被称为"本田宗一郎的首席参谋"。本田对他非常信任，将自己的私人印章和公司的实际经营权都委托给他，自己则专心钻研技术。

下时，友谊也将变得伤痕累累。或许，最终也免不了各奔东西。所以，在这一刻到来之前，必须把该吸收的东西尽可能地吸收过来。从这个意义上来讲，有时候还必须在一定程度上学会讨年长者的欢心，这样对方才愿意对你倾囊相授。

观察学习有经验的人

在工作领域，年长者毕竟对各种技能更为了解，所以仔细研究前辈们处理问题的诀窍也是一种学习方法。

在创业初期我也曾与来自不同公司的人们一起共事过。大约有一年的时间，我都在用心观察别人是怎么处理事情的，从中学习他们在以前公司里所积淀的知识和技能。

创业刚刚起步的时候，我们集团也有不少来自同领域其他团体的职员。对于他们的加入我很欢迎。毕竟，他们在这个领域的经验比我丰富多了，有很多值得我学习的地方。我一直在关注着这些人在工作中的判断和行为，以此掌握这些人处理问题的诀窍。

只不过，当某位同事身上可学的东西所剩无几时，情况就会发生一些变化。

如果这位同事心高气傲，到处摆老资历，周围的人就会对他产生不满情绪。一旦出现这种苗头，大家就会把目光转移到别的地方，选择性地忽视他。而被疏忽的人则会渐渐心生不满，态度和行为更加蛮横暴躁，从而逐渐被排挤在外。

创业初期，这种情况曾经频频发生。

如上所述，我从不同的人身上学到了各种管理知识以及社会技能。一个人如果不具备这种学习、吸收的能力，恐怕无法成为一名合格的经营者。

也就是说，经营者并不是经历多了就无所不能。还是要通过平时的观察、训练来积累经验，或者说看一看别人是怎么做的，学习他人成熟的处理方式会比较好。

第一部分 实战创业法

不发号施令如何实现管理

我曾读过一桥大学①某位教授写的一本关于经营学方面的书。书中多次出现这样的言论:"所谓经营者,就是指示部下'应该这样做'的人,就是用人的人。""所谓经营,就是通过驱使别人做事,从而创造成果。"当然,也不排除存在什么都不会、却还稳稳坐在经营者位置上的人,在这种情况下可就不能指望他去指挥别人做什么事情了。

当经营者想要支使别人,却又不知如何下达指令时,该怎么办呢?

拿我的集团来做例子。最初,我只明确告知对方身居什么职位。至于该如何处理工作,我不会插手指导,而是给他充分的自由,让他尽情发挥。当一个人从最初的普通职员逐渐升迁到主管或经理时,也许会飘飘然起来。但在对他们的工作充分

---

① 一桥大学:简称"一桥",坐落于日本东京都国立市,是一所享誉世界的顶尖研究型国立大学,被誉为"亚洲的哈佛"。

放手的同时，我也在冷眼观察他的处事方式，从而获知他以前所在公司的"遗传基因"。

如果能把这种放任的自由严格控制在一定范围内，进展往往是比较顺利的。然而，一旦越过了某个界限，失败必将随之出现。究其原因，就是他们在以前公司的工作习惯存在局限。

这种情况下就需要我出面进行更正了。如果他的自由发挥遭遇滑铁卢，那么我将适时提点："这样改变一下试试看"，让他转换思考方向，改变处理方式。

我们独特的企业文化就是用这种方式一点点构筑起来的。

可是，最初的时候，经常有一些从其他公司跳槽过来的员工在我们公司做了一段时间后，抱怨道："我跳槽来这儿就是为了摒弃以前公司的操作模式，学习新东西，没想到到头来却还是不得不沿用以前的老套做法，这根本就没什么区别嘛。"究其原因，我从未告诉他们"在这里，你应该怎么做"，我更想看到的是，他们可以倾其所能，自由发挥。

作为经营者，最初你只要做到静观不语，只在发现矛盾或

第一部分 实战创业法

错误时才提醒,告诉他们应该怎么做就可以了。如果做不到这一点,就不能从他们身上充分"吸收"其他公司的技能和知识,那你也就很难成为一名出色的经营者。

即使自己对相关知识一无所知,但只要认真观察别人的一举一动,就能从中习得不少有用的东西。知识积累到一定程度,就会逐渐培养起属于自己的经营技巧。

从这个意义上来讲,即使经营者最初对管理和用人之术只掌握一点皮毛,但只要用心观察、潜心学习别人的经验,最终仍有可能成长为善于用人的人。只要能拿出令人心服口服的业绩,别人也将心甘情愿地为你所用。只不过,要攀登到这一高度,也是很不容易的。

目标越高,越有挑战性,经营者面临的压力也就越大。最初创立一两家小公司时,已然不易。类似"让自己的公司遍地开花"这样的宏伟目标恐怕只会压得人喘不过气。

不过,在亲手创建了几个公司后,你就会逐渐总结出经验。在筹划下一个新公司的过程中,你只要充分运用所有经验，基本上都能将它稳稳当当地建立起来。

在起步阶段，有必要亲身经历的事，还是先经历一下为好。但如果实在没机会经历，那基本上就只剩下从别人那里学习这一条路了。掌握经营中普遍适用的经营哲学、经营理念及经营手法，也就是所有与经营有关的要领，势必需要花费不少时间。另外，对于那些自己并不擅长的东西，一定要虚心请教。

个人信用和财务信用都至关重要

信用是创业过程中非常重要的一点。

诚然，正确评估一个人的技能、知识和经验究竟如何是一件难事，但不要忘记，除了这些，对于一个人而言，信用也是一项很值得重视的评判标准，特别是个人信用，这关系到别人是否愿意与你合作或者与你合作的紧密程度的问题。

对经营者来说，建立良好的信用也是一种自身的精神修为，因为别人会根据你的信用来评定你这个人究竟值不值得信赖。

创业伊始，能否获得足够的资金十分关键。这时创业者的财务信用也将发挥重要作用。

一般来说，个人信用不好的人，财务信用也一定不怎么样。日常言而无信的人，即使向别人开口借钱，也很难借得到，因为他很可能有借无还。

所以，在应该节俭的时候就要节俭，这样既可以积累资金，又可以在转瞬即逝的投资机会出现之时迅速出手。不过，如果嗅不到回报的味道，也不要贸然投资。这种灵敏度就是极为重要的经营者的直觉。

在无谓的地方肆意挥霍，在真正需要投资的项目上却一毛不拔，有这种习惯的人基本上是做不成大事的。所以，既懂得"把钱用在刀刃上"，又能做到抑制挥霍，这才是创业之人必备的素养。

树立"公司就是公共存在"的意识

前面说了不少与创业息息相关的事情，比如创业切入点、合作伙伴的选择、踏足陌生领域的准备和学习、信用等问题。接下来我想跟大家分享的一点是创业者要树立"公司并不是个人资产，而是公共存在"的意识，因为创业时需要组成团队，就会有一位或多位搭档，但是总有一天你们将各奔东西，所以必须事先做好心理准备。无论关系如何密切，大家在内心中一定要树立秉公处理的意识。接下来就要构筑相配套的运营系统来支撑它，而不是单纯凭借"关系网""朋友圈"来管理企业。

我在创业的时候，就完全没有利用在老东家积累的内部和外部资源。

有两位曾跟我在同一家公司工作过的同事，在读过我的书、听过我的演讲后加入了我们的集团。我的旧上司在得知此事后还曾质问我："是不是你把他们挖走的？"但事实上，我在原公司时完全不认识这两个人，更从未想过从老东家那里挖走任何人。

另外，我在以前合作过的银行中也有很多熟人，所以贷款对我来说并不是一件难事。但这些资源从我决定创业到现在都不曾利用过。

因为我明白，如果邀请朋友加入，总有一天，双方之间会因为工作上的某些事情产生分歧，多年的友谊也极有可能就此毁于一旦。所以我才要求自己的员工有清晰的界限意识。

创业伊始，我从顾问那里学到很多东西

20世纪80年代，我刚刚创业时，曾对事业未来的发展前景深感迷茫。那时恰好有几位比我年长十几岁的员工刚刚入职，我便跟他们商量："能不能向顾问咨询一下应该如何经营这个团体？"听到这个，大家的反应普遍都是："可以问啊，不过人家可能没有做过这个领域的顾问，估计也给不了实质性的建议。"我也觉得这话没错。

实战创业法

最初,我去拜访了麦肯锡咨询公司,当时大前研一[①]先生还是这家公司的大红人。我询问他们能否为我提供咨询,对方的回复却异常冷淡:"我们的服务对象只限于年营业额达到 6000 亿日元及以上的公司,而且咨询的手续费用至少要三亿日元。"这句话其实就直接将我们拒之门外了。要让一个刚成立不久的小公司的营业额瞬间攀升到 6000 亿日元,这怎么可能!

之后我又去了波士顿咨询公司,但对方回答:"我们不具备这方面的运营咨询经验,所以抱歉,我们也爱莫能助。只不过,有一个人从我们这里辞职单干了,我可以介绍给你认识一下。"于是对方就把这位独立创建咨询公司的人介绍给了我。

后来我与这个人见了面,问他我们公司未来该如何发展时,他的回复鞭辟入里,让我至今记忆深刻。

[①] 大前研一:日本著名管理学家、经济评论家。自 1972 年始任职于麦肯锡顾问公司,1979 年升任为该公司日本分公司总经理,1981 年担任该公司董事,1995 年离职。其后曾先后担任斯坦福大学客座教授、大前协会董事,并创办了创业家学校。

那位顾问告诉我："你现在从事的行业与时尚业相近。我曾经担任过时尚界的咨询顾问,感觉他们的运作模式适用于你的事业。也就是说,你们的工作都属于'究极的精神产业'。只是时尚还额外需要服装、素材以及各种物料。而你这行即使失去物质元素依然可以存活下去。经营得好的话,前景应该很不错。一仓定先生说过'不需要工厂的制造商是最好的制造商'。对公司而言,当下最关键的要素是成本。生产行业创业之初需要投入大量资金,比如购买厂房、设备、技术、原材料等,成本不菲。而你的产业却是个成本极低的产业。"

他的这番话,我至今铭记在心。

确定发展规模之前,不要急于购置土地或厂房

这位顾问还给了我这样的建议:"在企业发展规模定型之前,不要购置太多的土地和厂房。很多创业者可能比较急于拥有不动产,但是一旦将来事业规模发生变化,这些资源可能根本派不上用场,甚至会成为累赘。所以,创业最初可以以租借的形式解决办公场地问题,从租借小房间起步,再根据规模逐渐扩大。这样固定费用就会减少到最小。"

他还建议我不要创建分部,他说:"你想写书出版的话,电话销售就足够用了,即使没有实体店也照样可以运作。电话销售完全具有可行性,分部可以暂时不建。"

培养忠实的客户群是成功的关键

他又告诉我一些更让我意外的看法:"一家企业只要培养出三万个忠实客户,那么无论做任何生意,都能获得成功。但当客户增加到一百万人时,产品反而会卖不出去,收入也将随之下降。能让人感觉商品非常有价值,而且资金流转非常自如的生意,是在客户规模为三万人左右的时候。"

这番话让我颇有感悟。一家企业拼命努力,可以将客户群增加至三万人。如果超过这个规模,经营效果反而会渐渐变差。

不能单纯以客户的数量定乾坤。但如果没有一定规模的忠实客户群作为支撑，事业也终算不上成功。

在精神内涵上标新立异

创业之初，我经常忙于处理各种事务，与各种各样的人协商交谈。知道这些后这位顾问显得相当讶异，他说："你怎么整天净忙这些？作为社长，你应该花更多时间去思考如何拓展业务，促进企业发展，尤其是思想上的成熟才是当务之急。可如今你却每天忙着处理那些公司内部的文书业务，这是绝对不行的。"

他还强调说："在思想上另辟蹊径，这才是你工作的重心。"这番话给我留下了非常深刻的印象，至今仍不敢有丝毫忘却。

实战创业法

2 创业直至做大的关键

年轻人或者大学生立志创业时，多半都会先树立一个远大的目标，然后在脑海中描绘出一幅宏伟的奋斗画卷，像比尔·盖茨或史蒂夫·乔布斯一样。

只不过，现实是残酷的，刚刚起步的公司规模几乎都很小。不少公司一旦试图做大，就会遭遇挫折，甚至倒闭。

那些销售额能轻松突破1亿日元的公司，他们的确规模巨大，业绩斐然。如果一个人立志将自己的公司发展成如此规模，那他应该学些什么？又应该如何培养创业意识？在准备阶段，有哪些事情是应该克制的？这些问题都需要创业者事先弄明白。

凭"创一代"之力把企业做大难如登天

独自创业,从微型企业开始做起,逐步发展到中小型企业,再进一步成长为大型企业——这种仅凭一代人就能取得成功的浪漫史在第二次世界大战后的日本并不多见。而且,即使企业从创立到稳稳地立足于市场仅用了一代人的时间,很多企业发展到如今也逃脱不了倒闭的命运。

例如,日本的大荣集团虽以一代人之力发展成一家大型企业,但最终还是没能逃过被日本永旺集团收归旗下的命运,被降级为子公司,上市计划也搁浅了。这也是企业兴于一代人、终于一代人的典型例子。

大荣集团的创始人中内功先生非常勤于学习,他的阅读量惊人,据说达数万册之巨。我曾经看过他接受电视采访的画面,他的社长室几乎全都被书填满了。他在学习上从不懈怠,在事业上也都是亲自出谋划策。企业陷入困境时,他会审时度势并退出，从其他地方寻找到人才，借助他们的力量重振公司。在形势扭转之后，他重新接手经营。但是后来企业又遭遇了挫折。

一个人要几十年如一日持续不断地创新经营很难，这一点我感受颇深。不同的人或许会有不同的经营方案，而要同一个人始终保持着灵活应变的状态，那几乎是不可能的。

经营一个已经成型的大企业，和从零开始创业到一步步做大，这两者之间存在巨大的差异。要守好一个已经独霸一方的大企业，就必须传递这个企业所培育的"遗传基因"。如果做不到这一点，守业就无从谈起。

拿最近的例子来说，索尼公司和原松下电器的Panasonic纷纷引进了不少留美回来的学者，其中还包括不少外国人才，并效仿外资企业的经营手法对公司进行了大刀阔斧的改革，虽然在短时间内确实改善了业绩，但却不可避免地失去了部分传统优势。

曾经的宝贵经验，即"对技术人才的重视"已经无影无踪了,取而代之的是"如何在短期内取得成效"这种美式经营手法。经营者的确获得了短暂的高额回报,但从长远的角度来看,这些措施却正是技术人才流失的罪魁祸首,而且导致高额的回报只是昙花一现。

连锁拓展经营所必要的措施

经营者多半都有过这样的目标和焦虑:销售额能否突破1亿日元的壁垒?10亿日元呢?接下来的50亿乃至上百亿日元的销售额,这些都有希望达到吗?其实,就经营难度来说,突破一百亿日元的销售壁垒基本上是难以实现的。

拿下最初1亿日元的目标就已经很不简单了。企业规模不断扩大,倒闭的风险也随之加剧。

特别是当某一家店铺的产品市场反响很好时,经营者往往都想趁热打铁,发展连锁经营。对崭露头角的企业来说,这确实是个不小的诱惑。

有些店铺,在经营者亲自掌舵下发展得有声有色,然而一旦将连锁店托付给他人，经营情况多半就没那么乐观了。当企业发展到一定规模时，经营者会分身乏术，尤其在开设了连锁机构后，更不可能事必躬亲、面面俱到。那么店铺想要发展壮大，应该怎么做呢？

最初创业时，大家基本都是凭借自己的直觉、灵感或经验来经营企业的。刚刚起步时，但求顺利发展，能盈利就好，根本无暇顾及其他。挺过了这一阶段后，企业就会进入稳定成长期。

当公司成功迈入持续发展壮大的阶段后，我们就必须培养一个最初没有的习惯，即要不停地思考：公司是怎样一步步获得成功的？

养成这种思考习惯，有助于激发灵感。一旦想到有助于企业发展的创意或点子就随手记录下来。经过筛选和整理后，就可以把这些想法拿出来，时常跟员工们做一番探讨，并将这些经过讨论的成熟想法以文字的形式保留下来。之后，可以进一步把这些文字归纳为员工的操作手册。当然，这本手册的内容也应该随着公司发展不停地被修改、完善，只有这样，操作手册才会变成相对正式的经营管理教科书。你看，最初的点滴想法最后可以汇集成一本教科书了。这种做法非常有意义。

做到这些，企业经营规模的扩大也就相对有了保障。社长不需要事必躬亲，就可以将连锁机构放心大胆地交予他人管理。因为，有了操作手册，他们同样可以做得很好。

一个企业销售额能否增加到1亿日元、10亿日元甚至突破100亿日元，在很大程度上取决于两点：首先，经营者在树立经营理念的过程中，能否将这些理念提取、整理出来并作为宝贵的经验与大家分享，以及能否成功地将这些内容以员工手册、文件的形式保留下来；第二，是否具有培养人才的意识。这两点都至关重要。

社长事必躬亲，企业无法实现腾飞

大型企业的社长与中小型企业社长之间，最大的差异在于是否属于全能型人才。

实战创业法

　　后者必须是全能型人才。因为企业规模很小，职员也不多，哪怕销售额再高，很多事情也需要社长亲力亲为，没有人能够帮他。身为创业者或中小型企业的社长，他必须自己想办法解决所有问题。他虽不知道前方有什么样的困难在等着他，但却知道自己必须咬牙坚持下去。他必须孜孜不倦地学习，不断地弥补自己的不足之处，从而保持自己的"全才"。即使手下有人才可用，但如果自己做不到手眼通天，手下也很难追随他一直走下去。

　　从这个意义上来讲，中小型企业的社长必须大权在握，事必躬亲。但如果一直保持这种状态，经营规模就无法扩大。

　　随着企业规模的扩大，社长可以将部分工作转手他人，虽然有些事情他人可能处理得不尽如人意，但这也是企业发展过程中必须要克服的难题。同时，员工间的竞争和嫉妒也会随之出现。

　　当公司规模逐渐扩大，公司就会渐渐变成藏龙卧虎之地。很多时候，新晋之士与元老们相比，才能上反而更胜一筹。

在起步阶段，公司招揽到的多是相对普通的人才。他们要么没有固定工作，要么是从别处跳槽来的。当企业规模渐渐扩大，有能力提供良好的工作环境和优厚的福利待遇后，很多人才便会被吸引而来。我们集团曾经把事务所设在日本租金最高的纪尾井町大厦，这让很多人心动不已，觉得能在这么高大上的地方工作肯定很不错，因此纷纷跳槽跑来这里。

只不过，这些员工才是真正的高经费职员。他们领着高薪，花钱大手大脚，在工作上却很难独当一面。让我更加遗憾的是，相当一部分人虽然有过大公司的从业经历，但在我们集团工作了一段时间后却证明，他们终究不过是机器上的一个齿轮，你很难期望他们在工作上有大局观念。

在以前的公司，他们对自己做了很多年的业务相当熟悉，但对其他的领域却一无所知。所以他们一旦换了一家公司，能够做的也只有照葫芦画瓢了。

创业者从建立小型企业开始，凭借自己的才华将企业一步步发展壮大的过程中，还必须注重人才的培养和经营理念的推广。而对于模式化的部分，必须时常以不同的方式向员工反复强调。

创业初期，分不清"感想"和"指示"的员工们

集团创立之初，我正值而立之年。当时有很多四十多岁的人跳槽过来，其中有一些人时常有这样的反馈："我们听不懂您的指示。不明白您的话里哪些是指示，哪些是您的想法或是杂谈。"

的确，在一个大型企业里，工作任务或指示一般以非常清晰明了的方式传达给大家。而我却因为各种事务到处奔波，有时候难免在自己的表述中掺杂杂谈和感想，还不时加入一些指示和命令。

一些跳槽过来的人由于搞不懂这种状况，就将我说的话全部视为命令。例如，我在办公室里放着一尊达摩像，如果完成了某个任务，我就会给那尊像描画上眼睛，以示完成任务。达摩像眼睛的颜色越深，代表我完成的任务越多。某一天，我只是随口一提"那尊达摩像还没有画眼睛呢",后边就有人赶紧画上去了。

你看,我只是看到那尊达摩像有感而发,竟被理解成了命令,这多少让我有些哭笑不得。

而这恐怕是很多大型企业的真实写照。一般来说,社长的言论多半都会被解读成命令。当然,经常与社长交流的老练的秘书或跟随社长几十年的元老们可能清楚社长的说话习惯。但是对于其余的员工来讲,他们确实分不清楚。

这些问题在创业初期都是不可避免的,职员们慢慢习惯就好了。事实上,我自己也有很多情况不清楚,所以才会频繁地与大家交流。

上层的意见可与众人共享

集团创立初期,所有员工都在同一地点办公,但随着人员增加,空间逐渐变得拥挤,于是我们将办公地点分为地上事务所和地下事务所两处。这样一来就造成了集团内部联系不畅,大家无法很好地交流意见。所以常常导致在地上办公室的业务指令无法传达到地下办公室，而地下办公室里强调的事情，地上办公室同样无从知晓。既然双方不常联系，话也就渐渐说不来。于是，"地方派系主义"就这样出现了。

这个办公地点如今已经成为我们集团漫画电影的图片绘制中心。但是，仅仅因为办公室的划分就引发了不同派系的争夺，这让我深切地感受到了经营的难处。所以我想，以后搬入高楼大厦，办公楼层有所增加的话，即使在每一层楼都安排一位楼层负责人，恐怕也很难保证各楼层员工相互之间能沟通顺畅。这也是经营者必须要解决的问题之一。

为了避免这种情况，每天早晨的例会上，我的讲话对象就必须是公司全体人员。今后，我打算不再区分"面向内部员工的讲话"和"面向公众的讲话"，而只强调"我发表过的言论"。因为以前讲话分内外，我的很多内部言论遭到外泄。很多员工不知道我在公司内部讲的话不能对外公开，可能无意间就泄露出去了。

现在我也放弃了,让所有员工都能辨别出哪些内容不能外传是不可能的。如今我的言论,无论是底层民众还是《周刊新潮》的记者都能听得到,集团理事长听到的发言和各种杂志记者听到的一模一样,这些言论还被原封不动地写进了报纸杂志。

如果经营者过于保守,一味隐藏自己的想法,那将扼杀企业发展的很多可能性,所以,我尽量大范围地共享信息和资源。这样的好处就是无形中增加了经营者的数量。

基于这些原因,现在我对内部员工讲的话和对公众的演讲在内容上基本都能保持一致。无论是领取薪水的员工抑或是普通听众,听到的都是一样的。另有一些没有薪水的实习生,因为能与职员信息共享,所以也就相当于能直接知晓我的观点。

通过这种方法,无论团体内部有多少机构和分部,大家都能及时获悉社长的想法。只要明白社长的用意何在,就可以据此开展工作。

也正因为如此,我们才得以构建这种优良的工作体系,所有员工都能共享上层领导的想法以及经验。

我现在仍在这样做。有一些话，我必须要说出来，因为这些信息最终一定会传到更多人的耳朵里。

人事提拔的成功率为四成

创业初期，也许你能够凭借自己的才能妥善处理好所有事情，但当企业逐渐发展壮大后，单靠社长一己之力恐怕就难以为继了。想要突破经营的壁垒，就有必要培养几个"自己的分身"。

要做到这一点，就要把自己曾经萌生的各种想法整理出来，从中挑选出可以作为公司管理指导方针的内容，并把它们写下来或汇编成册，向员工们推广，最终这些内容会成为衡量工作的标准。

有很多员工会给人"还不成熟""好像还差点火候"的印象，但如果放手让他尝试，他或许也能做得很好。不过，在人事提拔过程中存在着一定的误差，我们必须做好心理准备，去承担这个误差所带来的风险。

很多情况下，即使领导们对某个员工信心满满，觉得他才华横溢，一定能胜任工作，结果往往也只是空欢喜一场。特别是新成立的公司，大家的从业资历都比较浅，这是在所难免的。

我读了很多经营类书籍后发现，人事提拔的成功率只有四成左右，高达六成的人事提拔最终是以失败告终的。

由此我才明白，"看走眼"是非常普遍的事情。当经营者在发觉提拔失败后，换人就可以了。这样的话，领导们就没必要顾虑太多，只管放手提拔就是了。不过能达到四成的成功率我已经心满意足了。

虽然这个成功率只比棒球比赛中的触球率稍稍高一点，但已经很不错了。在经营的过程中，失败无处不在，只有勇于尝试才能积累经验，慢慢提高成功率。

创业前期辞职的人越多，企业发展壮大的可能性越大

那位从波士顿咨询公司辞职后自主创业的咨询顾问还说

实战创业法

过:"做了那么多企业的咨询业务,我发现一个有趣的现象——在企业最初发展的几年中,辞职的员工越多,这家企业日后发展得就越好。"

对此我感到难以置信,他进一步解释说:"如果企业发展初期辞职的员工比较多,那就表示这个公司创新变革的速度比较快。如果不能把在最初一年、两年乃至三年时间里取得的阶段性成果一一放弃,那么企业就无法迈入下一个阶段。那些先于别人积累了知识和经验并将其传授给大家的人,反而会使公司发展进入瓶颈。因为他们往往过于死板,不懂得变通。相反,没有什么经验的新人却更乐意接受新事物,有兴趣尝试新机制,这些人也就更容易差遣。而这却是元老们在自尊心的作用下无法容忍的,于是他们愤而辞职。所以我才说,企业起步阶段辞职的人越多,公司越有发展前途。"

回想创业初期,我得到了很多人的大力协助,我甚至坚信有些人此生可以与我并肩共进。然而,在不到三年的时间里,他们却纷纷辞职离开了。不过,后来我才明白,他们的离开也许是必然的。

一流公司的部长也未必是经营达人

有时候,一些一流企业的部长级人物也会跳槽到我们集团。我在商社工作时年纪尚轻,还没能接触到身居那个位置的人,所以一度认为这些大企业的部长高高在上,业务能力应该十分出色。所以当我得知他们"能做到的只限于这些"或者"对自己职责范围以外的工作并不熟悉"的时候,我还是稍稍吃了一惊。

当我得知这种现象并不是个例时,我第一次意识到必须建立一个相应的机制,用以挑选不同领域的专业人才来实现团队经营。因为一个人多半只懂得如何处理自己熟悉的业务,至于其他方面,恐怕是一片空白。

我记得1991年4月到5月这段时间,我们集团曾有过一次资金危机。当时,集团有一位干部曾在某家大型人寿保险公司担任过部长,他还自称当过分公司的社长,手下曾有1500

实战创业法

名员工。所以我对他的经营能力深信不疑。但事实证明，所谓的销售部部长，只是一个头衔。他只负责专攻某些大客户，并不是传统意义上能够负责处理所有销售业务的部长。

确实，在这方面我有些孤陋寡闻。但事后回想一下，他当时辞职来到我们集团时，仿佛说过这样的话："我们公司的社长曾经告诉过我：'我是不可能任命你为分公司社长的。'"

为什么他会让社长说出这种话？我曾经百思不得其解，最后终于明白，因为他无法从整体上把握大局，只能针对某一特定的领域实施"专攻"。我却一度误认为他的经营潜力胜人一筹。

做销售出身的人往往倾向于全力推动业务"前进前进！勇往直前！"，但在大型企业里，财务、会计、总务和人事等多个管理部门势必会对业务进行定期检查，这样可以规避激进的销售策略所带来的风险。

然而，1991年的时候，我进行了一次大胆的尝试：把经营决策权交给他，让他放手去做。我天真地认为他一定会事先对风险进行自我评估。但结果告诉我，他根本没有这个意识，这直接导致了我们集团1991年的那次资金危机。

举债购置总部大楼是个危险的经营举措

下面要说的这件事虽然算不上是经营危机，但确实在我们集团发生过。

1991年的危机之后，我们集团曾经从学员那里借钱用作储备资金。当时我们有位学员是一家不动产公司的社长，他建议道："我们可以跟学员借钱存到银行，如此一来，银行就会觉得我们的资金实力相当雄厚。"

当时我们集团的总部设在纪尾井町大厦，集团的高管们都希望集团能购置类似某些银行总部的那种摩天大楼。那时我们从学员那里得到的集资约有500亿日元，所以对购买400亿日元的大楼有些蠢蠢欲动。而我本人因为有财务工作的从业经验，反而觉得对置业的事情应该慎重考虑一下。

实战创业法

　　幸福科学政经学习班里[①]有一位女学员,她的父亲曾就职于住友银行,当时是我们集团财务部门的负责人。他特意找到我,给出了自己的忠告:"举债购置总部大楼,我认为这样做太危险了。"

　　我问他:"你也觉得这种行为很危险吗?我也一样。虽然现在分部在一定程度上能够实现盈利,但总部的业务却没有任何利润可言。在这种情况下举债购买综合本部大楼,实在不是个明智的举措。""对啊,这种经营举动太危险了。""果然是英雄所见略同。"这一番交谈下来,我决定放弃购买计划。

　　在这之后,我们陆续偿还了各种借款。同时我们还借鉴了松下幸之助先生的"无借款经营型"思想。那种"汇集资金只为给银行看"的做法我们认为确实不妥,所以最终选择了放弃。

---

① 幸福科学政经学习班:以不断培养政治家和企业家为目的而开办的学习班,其教育对象为已经走上工作岗位的企业精英。

败将有机会东山再起——古罗马军队式的人事制度

如果想创造1亿日元、10亿日元乃至100亿日元的销售额，除了必须"提炼、总结自己的想法"以及"实现操作规程化"之外，我们还必须开展员工培训。

我们集团的管理特色之一就是即使某位员工在工作中失误过，我们仍会不计前嫌地重新任用这个人。在经过一段时间的沉淀后，我们往往赋予这位员工新的使命，因为失败也是一种宝贵的经验。

首次尝试，失败在所难免。对于失败的员工，我们会暂时将他调配到其他岗位，让他在那里历练一段时间后，再把他重新调回来。反复多次磨炼后，他才可以渐渐胜任工作。我们就是通过这种"重复启用"的方式来实现人尽其才。

我也是在读了盐野七生先生的《罗马人物语》后才知道，在古罗马，军队就是通过这种方式使用人才的。

在古罗马，一位将军即使在战争中吃了败仗，也不会因此

实战创业法

被弃用。因为大家知道失败也是一种经验,所以沉寂一段时间以后,他仍会重新回到军队统领的岗位上。有过一次失败经验的人,比从未经历失败的人更有智慧。得益于这种思想,败将才有机会东山再起。

经过如此反复摔打后站起来的人才是强者。在一次次浴血奋战中,将领们积累了血的教训,越来越骁勇善战。在战场上要想战胜这类人,恐怕是很不容易的。

同样,制订一套类似的人事制度,公司就有很大的希望继续发展壮大,所以我们集团选择使用这种用人方法。

当然,干部的储备数量有可能超过实际需要,但这也是为公司进一步发展而实施的一种预备措施。

为什么让二十多岁的人进入管理层

我们集团中有的管理人员年仅二十多岁,而且现阶段他们创造的业绩未必与这个职位的要求相适应。

这当中的差距我当然明白。但作为一个团体,在长期的运行当中，如果占据领导岗位的都是与我年纪相仿的人，那么管理层就会逐渐趋于老龄化。这样一来，随着领导层的逐代更替，恐怕慢慢主导和运营我们集团的就会是对我们的"初心"一无所知的一群人，这很容易导致集团脱离既定轨道，甚至分崩离析。鉴于这些潜在的危机，我们必须注意培育新一代的管理层。本着这种思想，我开始逐渐向领导群体输送新鲜、充满活力的血液。

所以我会在干部岗位上安排不同年龄层的人。

身处管理职位的人当下未必都取得了应有的业绩，但如果他们丢失了我们的"初心"，那才是真正的危险，所以我必须这么做。

中小企业的上层领导大多是全能型人才，他们必须事事亲力亲为。随着企业的发展，这种情况必须有所改变。企业开始有能力聘请经营人员，也就是领导的"分身"时，就应该放手让他们在摔打中积累经验。

而且，届时还必须赋予他们失败的"权利"。对于那些被他们搞砸了但还可挽救的工作，必须让他们自己负责善后处理。

实战创业法

3 心系创业的学生们应该学些什么

在大学里,学生们在经历了四年的学习生活后走向社会。如果他们将来准备自行创业,那么在这四年当中,有什么内容是他们必须要学的?作为一个未来的经营者,他们应该掌握什么样的能力和技巧?作为一个过来人,我想从我的角度谈一谈准备创业的学生们应该学些什么以及怎样为将来的创业打下坚实的基础。

寻找商业原始资本,兼具出色的文科素养

在开创新事业的人们当中,学理科出身、技术型的人才居多。因为创业必须具备某种技术或才能,所以最初大家一般都是从生产新器械、新工具开始。

但是,对松下幸之助做了一番研究后我们就会发现,松下先生的事业虽然从销售插头开始,但在那以后,他把自己的角色逐渐从理科生转变成"经营之神",慢慢树立起其经营之道的布道者形象。他凭借非凡的经营天赋,成功转型为一位一手把企业发展壮大的奇才。

一般来说,学理科出身的人首先要能在自己从事的领域中嗅到商机,发掘众多消费者的潜在需求,或是找到能创造一定需求的事物。还要发现虽然有需求,但仍处于利基市场阶段、未普遍被消费者所接受的东西,并率先实现它的商品化。另外,要从自己的专业领域努力寻找商业原始资本或者创业的出发点。

所谓的经营,无论以哪种方式出现,都需要经过一个发展过程。所以在寻找商业原始资本的同时,我们还必须掌握一定的经营学知识,懂得一些用人之道,以协助我们将企业发展壮大。所以说，掌握一定的文科知识也是非常必要且重要的。

两个方法让你学会如何用人

对经营者而言，用人的重要性不言而喻。因为事业的成功最终还是要借助他人之手，靠自己单枪匹马是不可能获得大的成功的。

那么，用人之道究竟指什么？

活跃在第一线的员工往往比上层领导更加熟悉情况，其专业技能也更胜一筹。如果只是一个小型企业，社长多半在所有方面都比一般员工更加擅长。然而，随着企业规模逐渐扩大，对专业领域更加熟悉的还要数直接从事这项工作的员工。

从这个意义上来说，社长无法胜任专业领域的排头兵角色，他没有将专业知识传授给他人的能力。因此，社长对企业的指导必须通过其他方式进行。

那么，其他方式指的又是什么呢？

其一，掌握处世之道中的"驭人之术"部分。学习如何成为领导，这很重要。

其二，掌握经营学的诀窍，包括懂得经营窍门，能给予他人适当的建议。

我想说的用人之道就是以上两点，简单可以概括为"成长为一位卓越的人才，内外兼修以拥有指导他人的能力"并"掌握经营的诀窍"。

在自己擅长的领域之外适当涉猎

我们大可不必过多地纠结于选择文科还是理科，只要有时间，多学一下其他东西准没错。文科专业的人也应该多多关注一下理科方面的知识，这样做对以后个人的发展也大有裨益。

事实上，日本具有代表性的经营奇才基本都是技术专家出身。对搞技术出身的他们来说，在商品销售过程中，就会有许多新东西不得不去学习掌握，比如如何管理，如何建立渠道，如何实现资金顺利运转，以及怎样跟上下游企业打交道等。历史的长河已经迎接和送走了数以万计的大型企业。作为经营新

实战创业法

人，对新事物保持旺盛的求知欲是必不可少的。

大公司的创业者多为技术人员出身，大家各有所长。当然社长当中也不乏做销售或者财务出身的，甚至有些大型企业的社长还来自广告行业。

比如，日本的索尼公司在广告宣传方面做得就比较好。在出井伸之出任社长后，技术水平曾出现过大幅下滑。出井是索尼成立以来第一位非创业团队成员、非技术人员出身的专业经理人。这导致了公司在宣传方面做得有声有色，但技术方面却迟迟得不到提升，我觉得这是索尼后来一直萎靡不振的原因之一。

无论什么公司，社长都出自某个特定的领域。对自己专长领域之外的东西究竟能有多少了解，这对公司的影响是非常大的。

另外，如果有同行企业或与自己经营的事业相类似的企业，那也有必要抽点时间去调研一下，取长补短，这样更有助于企业的发展。向自己熟悉的行业进军，同时多角度、多领域拓展，另外，我们还必须事先了解一下，经营范围外延的空间究竟有多大。

不过，向自己完全不熟悉的领域挺进，不仅非常困难，而且失败的风险也非常高。从比较熟知的领域着手，则相对容易很多。

顺境逆境皆不停辍，这才是真正的经营

说到个别指导，一个公司当然需要各种各样有针对性的经营方面的指导，但从宏观角度掌握大局形势则更加重要。作为经营者，有必要通过阅读政治、经济方面的报纸、杂志，收听相关新闻等方式综合把握各类信息，密切关注社会动向。

无论日元升值或者贬值，社会媒体都会不遗余力地叫嚣"经济又要不景气了，这下完蛋了"。如果按照他们鼓吹的那样，那这个社会就真的无药可救了。我从在商社工作时期就经历过无数次日元市值的起起伏伏，所以非常清楚，无论日元升值或贬值，经济总有办法维持平稳。

对媒体的这些悲观论调,我们了解下就够了,绝不能全盘接纳。无论身处顺境还是逆境,绝不停止前进的步伐,这才是真正的经营。

我本人也会把这一点铭记在心,永不懈怠。

第二部分 经营的创造

1 做一名优秀的观察者

经营成功学——以一决生死的决心,力争百战百胜

这部分内容是根据之前一次以"经营成功学"为主题的演讲稿整理而来的。

当今的日本社会似乎普遍认为:一家企业的盈利项目只要能占到30%就行了。盈利三成,赤字七成,如此一来甚至有七成的部门连法人税[①]都不用交了。

[①] 法人税:日本国税中的一种,是指对公司的所得(销售收入减去必要成本等的金额)征收的税金。

这样的观点都能被日本大众普遍接受，真是不可思议。"经营成功学"正是针对这一观点做出反驳，认为企业必须把"100%盈利"当成目标，力争百战百胜。

简单来说，就是把企业经营比作真刀真枪的决斗。我们知道，在以前的决斗中使用的都是真刀真枪，只要被对方击中，就可能没命，也再无翻身的余地。不像现在场馆里举行的比武大会，胜负都无关性命。从这个意义上来说，真刀真枪的决斗，只论生死，不论胜败，才更符合当今日本商场的现实。商场如战场，就是这么残酷。一家企业经营不善的话完全有可能一败涂地，再无回旋的余地。因此，容许70%项目亏损的经营观念是非常不可取的。

当然，从好的方面来看，企业持续的赤字能促进企业的新陈代谢。这就好比战场上的将军阵亡了，其他人便有了晋升的机会。有些企业可能正处于这样的状态中，为了提高盈利水平他们每年换一次社长，试图用"人员更替"的方式来解决经营不善的问题。

这样的企业虽然还没到倒闭的地步，但内部人员的频繁更替对其发展会产生不利影响。对于经营者来说，想要坐稳位置，就必须有能力让企业盈利，这才是经营者的基本职责。

从社会观察中能够得到很多启发

成本大于营业收入的企业是很难长期经营下去的，但政府似乎就在用这种运作模式。与政府不同，企业一旦长期处于亏损状态、负债率过高，则必死无疑。日本政府由于支出远高于收入，债台高筑。所以当下出台提高消费税的政策已成定局，未来的日本社会将何去何从，无人知晓，且让我们以谨慎的态度密切关注事态的发展，说不定由此会衍生出新的商机。

专注于自己事业的人，往往对事业之外的杂事不太关心，常常会忽视很多细节。但这些细节旁人却能看得真切，正所谓"旁观者清"。也就是说，自己未必能做到的事情，看别人做反而能发现问题。因此，想要成为一个经营者，必须先成为一个观察者。

一心专注于自己的事业就无暇顾及其他，但当你抬起头环顾四周就会发现,原来身边有形形色色的人和林林总总的行业。仔细观察他们就能得到很多启发,你会发现这其中有太多太多值得你去主动学习的东西。

我们每天会接触到很多东西,产生许多的感觉。尽管我们不会把这些感觉一一记录下来,但我们能够真切地感受到许多"好"与"不好"。

外出吃饭购物时,我们会有"这也太贵了吧""还算便宜"或者"服务很周到""服务太差了"之类的感觉;看电影时,我们会觉得某部片子"很有趣"或者"好无聊";坐车出行时,我们会有"宽敞舒适"或者"不舒适"不同的感觉;在飞机上能感受到机师驾驶飞机的技术好不好、空乘的服务水平高不高。当然了,在学校和补习班,学生们也会对授课教师有"教得真好"或者"教得不好"等不同评价。

只关注自己,世界会变得很狭小;放眼整个社会,才能看到大千世界,看到许许多多的行业和形形色色的人。

因此,想要创业,必须先成为一名优秀的观察者。

2 找到适合自己的事业

每个人都有适合与不适合的事业

创业之初，很多人都在犹豫，不知道什么样的事业适合自己。我的建议是选择自己熟悉的领域或与正从事的工作所在领域相似的领域。在自己具备从业经验的领域起步创业更容易获得成功。

不过，对于那些没有什么工作经验的学生或者在职场上历练较少的年轻人来说，找到适合自己的职业并不是一件简单的事情。

■ 实战创业法

首先大家应该明白，每个人的能力不同，所擅长的领域也不一样。清楚自己的能力的人，才能找到适合自己的方向。这一点对那些没有足够社会经验和工作经验的年轻人来说，尤其重要。

如何找到适合自己的方向：①回想自己曾得到的表扬

怎样才能了解究竟什么方向适合自己呢？

大学生还没有工作经验，想要了解自己的能力就要在过去的二十多年中寻找答案。回想自己曾经得到过的表扬就是一种方法。

你肯定被父母、兄弟姐妹、朋友、老师或者邻居表扬过，仔细想一想，当时他们因为什么事情而表扬你？

你身边的人会以很多种不同的方式观察着你，在他们认为值得表扬的事情中，说不定就蕴含着你的过人之处或是你的潜力，抑或是你在长辈们眼中的闪光点。

比如说，"没想到你钢琴弹得这么好""没想到你风筝放得

第二部分 经营的创造

那么高""没想到你滑雪滑得这么好"……得到表扬的具体情况可能因人而异,不过我们应该都因为类似的"没想到……"被表扬过。

如果你觉得自己好像从来没得到过表扬,那应该是你得了健忘症,把受表扬的事情忘记了。

总之,每个人都有过被表扬的经历,希望大家努力去回想一下。这可能要花点时间,但那些闪光点正是你自身能力的显现。想要弄清楚自己是否适合做一名经营者或是否适合从事服务行业,抑或是否适合成为一名学者或者研究人员,就一定要从这些被表扬的点滴小事中寻找答案。

你或许因为力气比别人大而被表扬过,也或许因为像个小发明家一样头脑灵活而得到过赞美,从这些角度去回顾以往被表扬的经历并将其分类,这是一种了解自身能力的途径。只有对自己的强项足够了解的人,才能找到适合自己的方向。

如何找到适合自己的方向：②到街上走一走

找到适合自己的方向还有一种方法：留心观察哪些方面让自己感觉有所欠缺。你走出门，到街上去溜达一天就会明白。在大街上，你能看到各种人和事，其中一定有一些东西会引起你的注意。

以前，一到冬天，大家都穿得很多很厚，高峰时期的地铁车厢就成了沙丁鱼罐头，站台乘务员们甚至会把乘客硬生生地推进车厢里去。人们为此感到气愤——"挤成这样还把乘客继续往里硬塞，交通部门要是再敢说地铁亏损真是不可原谅！"而且，车厢里要么暖风开得太足，要么空调开得太冷。总之，各种令人不舒服的情况都发生过。

坐出租车时也有很多类似情况。有的出租车司机带你绕路，有的对乘客爱答不理，有的司机很有礼貌，也有司机一路都开着收音机，一边开车一边听自己喜欢的球赛转播或者股市信息，还有司机把公司内部的无线电对讲声音开很大。出租车行业的服务质量参差不齐，当你遇到这种情况时，就可以思考一下：如果你是司机或者出租车公司的老板，该怎么做才能提升乘客的体验呢？自己哪方面的能力可以派上用场呢？

谷泽永一等评论家也曾经讲过，在大阪等城市，有些司机特别喜欢走小路来显示自己对地形、道路很熟悉，可实际测试结果却往往是走主干道更快一点。虽然他们熟悉道路，但走小路反而绕得远。一旦碰上堵车，到达目的地所用的时间就更不可控了。如果一开始就走主干道的话可能只需要几分钟，这种自作聪明的司机不但让乘客多花钱还浪费了双方的时间。

很多商品或者服务会让你感觉"应该继续改进"。有些商品或服务已经趋于完美，而有些商品或服务则会让你感觉"还有些不足""换作是我，我会这么做"。大家从这些一闪而过的想法之中，或许就能发现自身的某种特质。

我生长在四国地区，这里的人们喜欢味道偏淡的高汤。但在名古屋，最受欢迎的却都是浓稠、颜色重的高汤。这种口味的汤对出生在四国的我来说很难接受，但名古屋当地人则认为乌冬面的汤头就应该是这样的，他们觉得如果汤不浓稠、颜色不重就不像是在吃乌冬面了。

要是名古屋人去四国地区吃乌冬面，肯定会说："清汤寡水的乌冬面怎么吃得下去？"可四国本地人则认为"黏黏糊糊的乌冬面根本无法入口"。口味清淡的乌冬面被名古屋人断然拒绝，但一到东京他们便会发现，街头到处都是四国口味的乌冬面。

说到吃的，东京有家名叫"空海"的餐厅，我家附近就有他家的一个分店。如果取这样名字的一家店开在和空海[①]十分有渊源的地方，一定会引起公愤，比如四国地区。相传距今约1200年前空海曾在那儿开设了88所寺庙，尤其是在香川县[②]的高松，因为那里是空海的出生地。但是在东京却不会引起那

---

① 空海：弘法大师僧名空海（公元774—835年），奈良时代末生于赞岐国（现香川县）屏风浦，是日本真言宗的开山祖师，作为日本弘扬佛法的先驱者在日本享有崇高的声誉。
② 香川县：位于日本西南四国岛的东北部，是四国岛面积最小的一个县，香川县旧称"赞岐国"。

么大反应，可能是因为很少有人知道其中的含义吧。

无独有偶，不但有餐厅取名"空海"，还有个服装品牌也叫这个名字。据说该品牌的法国设计师喜欢弘法大师的名字"空海"，于是便用它做了品牌名，法语写作"KOOKAI[①]"。

第一次看到这个品牌名的时候，我问店员："你们的品牌名称很特别，是怎么取的？"店员回答说："是源自弘法大师空海的僧名。我们的设计师特别喜欢这个名字的韵味，于是用它命名了品牌。"

我接着问她："那么，这个品牌跟佛教有什么联系吗？"她回答道："不，完全没有。"

人在很多事情上会产生丰富的联想。如果乌冬面店取名"空海"，跟佛教有些关系多少还说得通，因为日本著名的赞岐乌冬面的"赞岐"是指现在的日本香川县，那里是弘法大师的出生地。可是一家服装店用"空海"做店名的话，恐怕有些不妥，会有不敬之嫌。法国人用"KOOKAI"命名自己的服装品

---

① KOOKAI：中文翻译为寇凯，是法国著名时装品牌，创立于1983年。

实战创业法

牌的确标新立异，让人觉得有点朝圣的意思，但事实上却与佛教内容一点关系都没有。

正如上面所说的例子，人从很多地方可以得到灵感，而不同的东西也会触发人们不同的联想。在大街上走一走，对找到适合自己的方向非常有帮助。

如何找到适合自己的方向：③好恶取舍之中显才能

日常生活中，每个人都有自己的喜恶偏好。从自己的好恶取舍之中也能够发现自己的才能，这一点值得好好思考。

比方说，名古屋有一种著名的特产叫炸虾饭团，就是把大虾天妇罗（沾面糊油炸的虾）裹进饭团中。这种创意美食在当地大受欢迎，但在其他地方却并非如此。人们可能会觉得"明明是想少吃一点才选了饭团，可是一个裹着炸大虾的饭团吃进肚子又不容易消化，吃完恐怕会撑得难受"。

在每天我们能够直接感觉到的"喜欢"和"不喜欢"中，就隐藏着你的潜力，我们能够从中找到发掘自身才能的线索。

以着装喜好为例：有些颜色怎么都看不顺眼，那么从这个"不顺眼"上就反映出了一个人的品位。

以前我在美国工作的时候，曾经因为穿着蓝色西服、打着红色领带去上班惹得上司特别生气，他说："难道你一点都不懂得颜色搭配吗？这一身是什么打扮！红色和蓝色怎么能搭配在一起呢？"

那时我还很年轻，也确实不怎么会搭配衣服。看到上司那么生气就觉得自己衣品太差，从那以后再也没那么穿过。

但后来我才知道，竞选总统的候选人们经常用红色领带搭配蓝色西装。而且有家调查机构做过一个题为"红领带和蓝领带哪一个更吸引选票"的调查，结果显示：红色领带配藏青色西装的候选人得票率最高。

就连超人也是用红配蓝的打扮，可笑的是当时我还认真地想过超人是不是也没有品位。你看，超人穿着红色的斗篷和短裤，搭配蓝色的紧身衣，这样很难看吗？会有品位差的英雄吗？

这么看来，美国人还是比较喜欢红蓝搭配的。当年我的上司那么生气，可能只是他个人不喜欢红配蓝吧。

"喜欢"和"不喜欢"是非常主观的，某种程度上反映了一个人的敏感点和兴趣所在。了解这些对如何选择适合自己的职业也能起到一定的参考作用。

如何找到适合自己的方向：④对某个事情无感说明自己不适合该行业

无论吃什么都觉得是一个味儿的人不适合从事餐饮行业，无论住哪家酒店都觉得舒适度差不多的人基本上不适合从事酒店服务业。相反，对酒店的服务和饮食比较挑剔的人，反而是比较适合这些服务行业的。

有的人无论对饮食还是住宿，都没有任何特别的感觉。窗帘是什么颜色，晨光能不能照进来，他们对这些细节毫不在意，就更别说墙壁隔不隔音、走在楼梯上声音响不响、马桶的水流声大不大等细节问题了。

这样的人即使惹得别人不满,自己也完全察觉不出来。让这样的人管理酒店,酒店就会在不知不觉中丢失顾客。

相反,要求比较多的人住酒店甚至会自带枕头。我就是这样,怕酒店里准备的枕头不舒服,常常会选择自己带一个。

我经常会觉得这样做很不好意思,同时也会因此想起我的父亲。父亲枕不了普通的软枕,必须枕着荞麦皮芯的枕头才睡得着,所以他出门旅行一直自带枕头。以前我觉得他这样做很难为情,可是现在我也成了住酒店自备枕头的人了。

另外我对温度比较敏感,住酒店时秘书还会把冷敷冰袋一起送来。因为有时候被子不够透气,睡在里面就会觉得像睡在蒸箱里一样,我半夜常常热醒。

因为我对睡眠质量要求越来越高,住酒店时需要自备的东西也就越来越多。也正因如此,我才能发现酒店服务存在的各种问题。

从十多年前开始,我的眼光就变得十分犀利。住酒店时,通过观察服务员如何把我领进房间,我基本上就可以知晓这家酒店的经营状况。

总之，当你在某些方面特别敏感时，说明你有这方面的才能，或许十分适合在该行业发展。反过来，对某方面完全无感，就说明自己并不适合该行业。

如何找到适合自己的方向：⑤自己与他人不同的地方在哪里

前面我们说每个人都有讨厌的东西和喜欢的东西。

比如有些人特别喜欢学外语。他们学习一门新的语言时，学得又快又好，那么他就很适合从事外语方面的工作。

还有些人特别喜欢开车，那么开着车到处跑的工作就很适合他们。如果不喜欢开车，那这个人就肯定不适合从事需要开着车四处跑的销售工作。

结账找零时，有些人只要看一眼店员点钞的过程就能知道递过来的钱金额对不对，是多了还是少了。这种类型的人比较适合在银行工作。我的妻子就是这样的人。虽然她只在银行工作了一年,却能在店员把零钱递过来之前就知道金额对不对,非常厉害,当然,这其中也有职业训练的关系。

在自己的成长过程中,不仅要发掘哪些优点曾经得到过别人的认可,更重要的是踏入社会后,还能准确认识到自己在哪些方面有明确的好恶。"感觉"并非无意义的东西,我们从中可以发现自身隐藏的才能。

无论哪一方面,只要你发现自己与他人的感觉有差异,就说明你在这一方面具备某种才能。

3 有些能力可以通过努力来获得

畏首畏尾的性格也有可能彻底改变

希望把事业做得更大还是维持小规模,大多取决于经营者的性格。

一般而言,性格外向、积极向上的人倾向于拓展自己的事业。而遇事畏首畏尾、比较悲观的人,则倾向于把事业维持在小规模的范围内。

不过,一个人的性格有很多面,并非都是与生俱来的。有时候畏首畏尾、胆怯悲观的人也有可能彻底改变。如果你认识到这一点，努力改变自己的话，你的人生就会出现转折。你对未来有怎样的期许，接下来就会踏上怎样的道路。

美国曾有一位著名的积极主义传教士，名叫诺曼·文森特·皮尔[①]，他小时候是个腼腆害羞、胆小怯懦的人，一说话就脸红，常常不敢表达自己的想法。

他的父亲也是位牧师，这如果放在日本，皮尔就相当于"寺庙继承人"。据说在美国人的印象里，牧师的孩子大多身体孱弱、不堪一击，是被嘲弄的对象。皮尔也曾说过："那时候我非常讨厌别人叫我'牧师的孩子'，感觉自己低人一等。"

后来，皮尔通过改变思考方式，用正能量的思想不断鼓励自己，渐渐变得积极乐观。而且，不断积累的成功经验也让他越来越强，一举让三家濒临关门的教堂起死回生。

他说过："虽然自己曾经很软弱，行事畏缩，但是有意使

---

① 诺曼·文森特·皮尔：闻名世界的美国牧师、演讲家和作家，被誉为"积极思考的救星""美国人宗教价值的引路人"和"奠定当代企业价值观的商业思想家"。

用一些坚定、积极的词语来引导、暗示自己，性格就会逐渐改变。"这种自我激励的方法很有效，从自己口中说出的话能够由耳入心，给自己"洗脑"。

踏入社会以后，有很多机会能让你了解自己的能力、发掘自己的才能。哪怕某些领域看上去不适合自己，只要坚定信念，转变思想，就能开拓出新的道路。

希望"返老还童"，外观就会变得年轻

人有很多特质，有些人偏感性，有些人偏理性，也有人靠体力说话。

每个人的想法会因个人喜好和职业的不同而不同，这既会影响习惯、性格的养成，也会在相貌上体现出来，甚至连是否吸引异性，也会被个人心中所想和职业的要求所影响。一个人的想法不仅会改变性格，也会改变外貌。

拿我自己来说，我走在街上经常会被别人认为只有三十来岁，这让我很不好意思。我和我的大女儿一起出门的时候，也总有人说:"这真的是您的女儿吗?您看起来怎么都不像有成年女儿的年纪呀。"或许就是因为我的心态和内心想法,让我显得更年轻了。

还有一次,我和妻子一起去买冬天的衣服,闲来无事跟店长聊天,一说起我和妻子相差 29 岁,店长的下巴都快惊掉了:"到底是您太太比您年长,还是您看上去显年轻?"

我想,这是因为人的想法和心态能通过外貌显现出来。如果你认为自己老了,那你看起来就会显老。

比如,有些人因为对孩子、家庭和事业感到失望,就意志消沉、萎靡不振,就会看起来好像一下子老了十几二十岁。也有些人在思想状态上非常积极活跃,一直保持着一颗年轻的心,结果就真的看起来越活越年轻了。

心里想要治好眼睛,视力就真的会恢复

不久前,代代木体育馆举行亚洲公开赛时,我们集团旗下学院的啦啦队也出场展示了舞技。我们不是参赛选手,而是作为一支出色的啦啦队受邀参加的。

那次公开赛首先由参赛队伍出场竞技决出名次，比赛全部结束以后再举行表演展示。我们的啦啦队参加的就是最后的表演展示环节。

那天，我乔装打扮去代代木观看了表演。现场非常热闹，观众席上有来自世界各地的观众。俄罗斯以及亚洲各国的啦啦队都展示出了自己的实力。

为了不让别人认出我，我戴了眼镜，可为我准备服装的人却犯了个小错，把我以前戴过的一副眼镜拿来了，这副眼镜的度数已经不适合现在的我了。一开始我还没注意，但是戴上眼镜后眼前一片模糊，连楼梯都看不清楚了。

这副眼镜的由来也值得一提。我在大儿子参加中考的时候受到过一次精神打击，眼睛就突然花了，看不了报纸，也看不清近处的东西。身边的人为我买了很多老花镜，放在各处供我使用。那时的我甚至需要把老花镜挂在脖子上随时佩戴。就这样过了一个星期，我想不能这么下去了，必须把眼睛治好。我试着摘下老花镜，坚持了一个星期，没想到视力竟然慢慢地奇迹般地恢复到从前了。

有些人遭受精神打击之后，认为前途黑暗，那么身体状况也会随之恶化，比如我就容易出现视力下降的情况。可是一旦戴上老花镜，就等于把视力固定在了那个状态。所以那个时候我坚持不戴老花镜，视力也就慢慢恢复了。

就是这副眼镜被错拿过来，混进了为我准备的服装里头。戴上以前的老花镜，我多少有些感慨，原来视力也会随着精神状态的变化而变化。当初要是没有坚持摘下它，视力可能至今都没有恢复，以后再想把眼镜摘了，估计也不可能了。

在生活中，心态的影响力是相当大的，它会影响甚至改变人的相貌。也可以说，每个人都可以自由"改变"自己的"年龄"。心态变老了，立刻就能通过外表显现出来；心态若是年轻，外表同样也会跟着返老还童。大家也可以利用这一点来让工作受益，人们可以通过调整心态来改变自己的相貌，使自己在工作中更加得心应手。有些工作对人的形象有要求，有些工作需要从业者看上去老成稳重一些，那么大家就需要以此为前提来调整自己给人的感觉。

综上所述，不要认为一个人的先天条件是完全无法改变的。一切都可能，有些能力是可以通过后天的努力培养出来的。

强烈的愿望能够让人焕然一新

我上学的时候完全不在意着装，两套衣服轮换着穿了半年多。现在想来，这种打扮对他人来说简直是一种视觉虐待。那时候我在衣服上基本没花什么钱，省下来的钱都用来买书了。

当时，我深信自己是个没有异性缘的人。我太不修边幅，也更谈不上和异性出去约会了。

有时候是成见限制住了自己。工作以后，认识到这一点，就可以努力改变并挖掘出一个全新的自己。

现在，我们来总结一下，如何寻找适合自己的事业方向。首先要回顾过往去发掘自己的基本才能；然后通过与外界接触明确自己的好恶，当发现自己对某个领域特别感兴趣的时候，要意识到自己可能在该领域有较大的发展空间；接下来就要正视好恶，明白强烈的愿望能够改变现状。

一手创造了世界级大型企业的松下幸之助先生曾在某本书中写道："如果让我去经营一家乌冬面馆，我一定能把这家店做到日本第一。"

松下先生一定能够做得到，因为如果他真的去经营一家乌冬面馆的话，从面条到高汤，方方面面的细节，他都会做到极致。松下先生有能够赢得顾客青睐的自信，在"服务精神"和"顾客满意度"上也经验丰富。所以，就算他离开电器行业转去经营乌冬面馆，他也一定会做到日本第一。

努力，可以弥补天分的不足

人的天分有高有低，想要弥补不足、缩小差距，可以通过后天的努力来实现。

电影明星汤姆·克鲁斯在荧幕上的硬汉形象深入人心，他在《碟中谍》系列电影中飞檐走壁,还在高达八百米的迪拜酒店外墙玻璃上扮演蜘蛛人,身手之矫健着实令人惊叹。

但实际上,汤姆·克鲁斯的身高在西方人里算中等偏矮。听说,剧组尽量避免选用身材魁梧的人,而是挑选体型比较小的演员跟他搭戏。在女演员的选角上,剧组也费了不少功夫。身高虽然无法改变,但汤姆·克鲁斯努力健身,练出一身健美的肌肉,让自己看上去符合硬汉的形象。

如果我说,我的身材和汤姆·克鲁斯差不多,大家都会笑吧。日本有位女作家名叫曾野绫子[①],她曾在书里骄傲地声称自己的身材跟玛丽莲·梦露一样。直到年过八旬,她还在书里写道:"玛丽莲·梦露去世时的身高体重跟当时的我一样。虽说身材曲线不同,但是身高体重是一模一样的。"这听上去像老太太说糊涂话,简直不可理喻——身高体重一样,难道就可以说身材一样了吗?

[①] 曾野绫子:日本著名女作家、社会活动家,其小说、随笔受到读者的广泛好评。

不过话说回来，虽然外人觉得这只是些牵强的糊涂话，但如果本人坚信不疑，说不定还会因此过得很幸福。就算有嘲笑的声音存在，只要本人不往心里去、自我感觉良好，这就也算是一种幸福吧。

有人会反驳说，对旁人的嘲笑充耳不闻那是"厚脸皮"。但另一方面，神经大条、没心没肺的人生活得更轻松快乐却也是不争的事实。

如果觉得自己的天分不够好，就依靠科学的方法努力做出改变，终会收获满意的效果。在某些方面即使做了后天努力也无济于事的人，还可以调整自己的心态，增强自身的幸福感。

4 如何寻找商机

寻找商机的方法

下面我们来谈谈创业时应注意的几个问题。

创业之初,启动资金是必不可少的。对很多人来说这并不是一件多难的事情,但选择创业项目却难倒了不少人。那么,如何才能找到创业的方向,又从哪里寻找商机呢?

第二部分 经营的创造

寻找商机有很多途径，日本利库路特集团①前董事长江副浩正就曾介绍过两种方法：第一种是密切关注报纸上的广告栏。

利库路特是一家广告公司，主要提供招聘服务，同时发布房地产等其他种类的信息。他们的职员发现，只要每天仔细阅读报纸上的广告栏，就能发现源源不断的商机。江副浩正也说："看广告就是在找饭碗，因为广告可以明明白白地告诉你现在的社会需求。"这确实是一种值得借鉴的方法。

报纸上的广告包罗万象，有商品广告、房地产广告，还有招聘广告等。通过阅读这些广告，就能够准确把握当下的市场需求。

例如，报纸杂志封面上的大标题，一般都是当下最新最热的话题，而书籍广告则告诉我们目前哪些书最畅销。就在不久

---

① 利库路特集团：英文名 Recruit Holdings Co.,Ltd. 日本第一大招聘机构。其创始人江副浩正 1989 年因"利库路特"贿赂案被捕，这是日本现代最大的贿赂案之一。

前，市面上一下子涌现出了许多标题诸如《××的人》《××的女性，××的男性》之类的书。后来又开始流行带数字的书名，比如《能够做到××的人只有1%》《99%的人都会忽略××》或者《××的7日计划》《3天变成大美女》《两周速成英语口语学习法》以及《万无一失的45种理想公寓的寻找方法》之类的，这说明带有数字的书名更让人印象深刻。

除此之外，我们从广告中也能获得不少有用信息，比如招聘广告能显示出目前哪些行业正在广招人才。因为各行业的用人情况可以直接反映出当下的经济状况，通过招聘广告就能进一步了解当前的经济环境怎么样。

由此可见，广告里蕴含着丰富的信息量。

第二种方法是江副浩正先生经常挂在嘴边的"要多听听别人怎么说"，因为别人的话经常能给人带来启发。他说，"要经常和同事之外的人聚餐""开会时大家不畅所欲言，会议等于白开了，开会不是开派对，不能光说说笑笑，一定要把自己真实的想法表达出来，同时应该用耳朵多听听别人怎么说"。

不过，有时候越是重要的事情大家反而越难畅所欲言。因此，这种寻找商机的办法能起到多大的作用因人因时而异。

创造出"被争相模仿"和"别人模仿不来"的东西

7-11[①]连锁集团的老总说过："我从不去其他便利店。"一般来说，去同行的店铺做市场调查、与自家企业做比较应该是常规做法，但7-11的老总却反其道而行之，"我从来不去同行的店铺。因为去了，看到了，就想模仿"。

这句话的真假有待考证，但现实中确实有这样的经营者。

7-11的老总坚持不模仿同行，也许是因为他自认为自家企业是业界首屈一指的领军者，因此认为"别人应该来模仿我们，而不是我们去模仿他们"。

这位老总是个数据主义者，他确实从不模仿其他同行的货

---

① 7-11：7-11公司是日本零售业巨头、世界最大的连锁便利店集团，创立于1973年11月，旗下超级市场、百货公司、便利店等遍布日本及全球。

架陈列。他主张通过数据分析来掌握商品的销售情况,然后把最畅销的商品摆在货架最醒目的位置上。

同行之间很容易相互模仿,但是一味效仿别人的成功模式,自己就永远只能是第二个吃螃蟹的人,跟不上潮流,一直处于落后的状态。

总而言之,进行市场调研是可以的,但是全靠模仿的偷懒行为则不可取。

抱着"力争后来者居上"的心态,去调查研究同行的商品种类和新发明、新创造是可以的,但更重要的是要通过观察别人,拿出完全不同的新鲜创意。

如果一个企业能做到不去模仿,而能创造出被人模仿或者别人想模仿也模仿不来的东西,那么它就能在行业竞争中处于绝对优势地位。创造差异化才是关键因素。这需要经营者坚持不懈地学习和研究,同时也要经营者时刻关注社会和市场动态。即便是做别人不做的事情,也不能只从自己的视角出发去考虑问题。

第二部分 经营的创造

坚持调查研究

我比较关注街头巷尾的变化。我发现经常路过的一家店铺频繁地更换招牌和老板，常常是新店刚开张不久，很快又变了模样。也许是店铺的租金太高，经营者无法负荷。从地段上来说，该店铺地处黄金位置，每一位租户都想当然地认为，只要在这里开店，顾客就会络绎不绝。可店开起来后他们才发现根本不是那么回事，盈利无法负担租金，只能关门大吉了。

有时候，那家店铺甚至一年换三块招牌，这让我也多了一个兴趣，每次它更换门面，我就饶有兴致地跟身边的人聊："你觉得这一次能坚持多久？"

最近，我又看到那家店铺门前摆放着庆祝开业的花篮。由于每次新店都支撑不了多久，我总在想是不是应该趁着还没关门去捧个场买点什么，可常常还没等我过去，它就关门大吉了。住在附近的人亲眼见证了这家店铺的变迁，知道不

实战创业法

能在那里开店。但租下这家店铺的人都自信地以为自家品牌很了不起,同样的事情不会发生在自己身上,结果却难逃倒闭的命运。

所以,提前做调研、摸清市场情况很重要,任何一个品牌的经营都不能坐井观天,无视市场规律。

拿便利店来说,同样一家店铺,这家便利店入驻后没能经营下去,另一家便利店却站住了脚。还有一种常见的情况是,马路两边分别有一家便利店,过上一段时间其中的一家就经营不下去了。便利店行业经常采用兰彻斯特定律[①]制定竞争战略去击垮对手,比如选定一个区域连开三家店,形成包围圈来一举击垮对手。就像打阵地战一样,想办法争夺客源打倒对手。商场如战场就是这个道理,容不得半点疏忽大意。

所以,坚持市场调研,关注同行们的动向是非常重要的。

---

① 兰彻斯特定律:兰彻斯特定律由英国工程师 F.W. 兰彻斯特提出,是描述作战双方兵力变化关系的微分方程组,该方程组即被称为兰彻斯特定律,其表达式为:战斗力 = 参战单位总数 × 单位战斗效率。

独树一帜让国际教养大学大获成功

一般而言,如果被创造出的商品不仅很受市场欢迎,而且独特到短时间内别人无法模仿和超越,那它就属于拥有高附加值的产品,能够在市场竞争中脱颖而出。

拿大学来举个例子,日本的很多大学都倒闭了。所以,当我决定创办一所大学时,很多人都不看好:他们认为在不景气的大环境下,创办大学是妄想,别说日后的经营了,就连是否能招到学生都很难说。

但是,即便日本进入了大学不景气的时期,也仍然有不少高校人气很高。

日本秋田县的国际教养大学就是一个典型的代表,它作为成功案例经常被拿来研究。这所大学地处日本秋田县的郊外,是在一所已倒闭大学的原址上重新创办起来的。该校自从大胆地实行全英语授课后,在日本国内声名鹊起,其受欢迎程度已经可以与东京大学比肩了。据说其毕业生的就业率达到了百分之百。

全英语授课相当于在日本国内就能享有海外留学的学习环境。这里的学生在大学期间一直用英语交流学习，英语水平自然非常高，这一点使他们在就业市场上很有优势。这所大学的学生就业率这么高也不足为奇。

推行全英语授课并不是件简单的事，而且国际教养大学又在郊外，聘请外籍教师也是个难题。但是这所大学克服了重重困难，这也是为什么在同一个地方，以前的大学倒闭了，而它却大获成功的原因。独树一帜是通往成功的一条捷径。

习惯用眼睛搜集信息的人也需要侧耳倾听

我们已经讲了关注广告、留意各方动态和倾听别人意见的重要性。在搜集信息时，有的人习惯用眼睛，也有的人习惯用耳朵。

第二部分 经营的创造

例如，日本大荣公司（Daiei）[1]的创始人中内功先生就是一位习惯用眼睛搜集信息的人。他酷爱读书，据说他的个人藏书有五万多册，甚至连他的办公室也堆满了书。他善于通过广泛阅读来获得灵感，不过由于他从事企业经营的时间太长了，到晚年难免有些才思枯竭。严格地说，在日本经济构造发生转变之后，作为企业的舵手，他没有圆满完成自己的任务。

诚然，书是灵感的源泉，但在经营企业的过程中，充分听取别人的意见也非常重要。在市场上中内功先生以顾客为上帝，但在企业内部，他是否能够充分听取员工们的意见，我们不得而知。

---

[1] 日本大荣公司（Daiei）：日本大荣株式会社创建于1957年，1972年超越老字号的三越百货公司成为日本零售业霸主。但在泡沫经济破灭十余年后，该公司却落了个不得不在日本产业再生机构的指导下进行重组的下场。

实战创业法

能否抢先一步是胜负的关键

寻找商机的时候要注重收集并分析信息,同时,能否比别人抢先一步也是胜负的关键。

等潮流汹涌而来再进入市场已经太迟了,这样做的人大多成了商界的输家。

这就跟买股票一样,别人都开始抛售了,你还在拼命买入,多半是要赔本的。低买高卖才能赚钱,等大家都开始下手的时候,也就离股价下跌不远了。也就是说,当一个商机人尽皆知的时候再去投入就为时已晚了,必须抢先一步准确判断出手的最佳时机,这是商界取胜的关键。

明白了这一点,成功就会离你更近。

5 如何长久立于不败之地

投入决定产出

"抢先一步把握商机"可以运用在雁过拔毛式的赚快钱上，但企业若是想长久发展，这种方法则不可取。

任何企业，想要长久立于不败之地，都需要拥有老字号般的信誉。所谓老字号信誉就是指一家企业长期积累下来、能经受住市场考验的声誉和专业度。老字号信誉不只存在于饮食行业，在其他行业也同样存在。

实战创业法

投入决定产出。想要生产出什么样的商品，就要投入与之相对应的人力和物力。

拿作家来说，现在查阅资料大多用电脑，而以前手工查阅时，查阅过的资料多到能把人埋起来。不过通常只有"读书破万卷"的写作者才能"下笔如有神"，写出传世的好作品。所以说，投入和产出通常情况下是成正比的。

当然，旅行作家及随笔作家只靠读书和查资料还不够，还要有游历体验和经历。拿旅行作家来说，他们必须习惯于四处游历，与当地人多交流，同时增长见闻，这样才能写出好文章。

很多一流餐厅独当一面的大厨都曾在后厨学习了十几年，在两三家餐厅里磨炼过技艺。有的人甚至远渡重洋，去法国、意大利研习厨艺，他们精湛的手艺都是从勤奋中得来的。

你想展现什么、贩卖什么、推广什么，先要充分"咀嚼吸收"相对应的"原材料"。换句话说，想得到怎样的结果，就要事先做出怎样的准备，而这样的因果法则在职场上同样适用。

提高附加值

如果你想成为一名演说家，那么如何才能变得擅长演讲呢？一般来讲，这和好厨师的养成方法是一样的。想要提高演讲水平，就要比常人更努力地去看、去听、去学习更多的知识。此外，还要提高自己的附加值，让自己更上一层楼。

一个人职业素养的高低，大多取决于附加值。一个缺少附加值的人很难在竞争中脱颖而出。

对于一个厨师来说，会做饭是最基本的要求。如果摆盘漂亮、食物又有创意，那他的附加值就高了。

所以，一个行业里的新人想提高工作能力的话，首先要根据因果法则掌握基本技能，然后在这个基础上提高附加值。

提高人的附加值不容易，提高产品的附加值就更难了。

产品的附加值是在原有价值的基础上，通过有效劳动再创

实战创业法

造出来的新价值，但提高产品的附加值不是件容易的事，而且很多人也不知该从何下手。

比如说，学校的教学模式已经足够完善，校外补习班只有开发出比学校更好的课程，才能吸引家长把孩子们送来。毕竟参加补习花时间又花钱，尤其是那些位置偏僻、交通不便的补习学校，更要通过提供优质的教学和服务来吸引学生。

凡事都是这个道理，一种产品或服务若是缺少附加值，就没有人愿意付出宝贵的时间和金钱来交换。

将不同性质的东西结合起来，会得到不一样的惊喜

无论是商品还是服务，都凝结了劳动成果和经验智慧。这个最终的凝结环节是非常难的。

人在思考时难免会以自我为中心，但在市场竞争中，消费者才是决定你业绩高低的主要因素。很多人意识不到这一点，只去做自己想做的事情，导致客户不断流失。所谓市场，就是这么残酷。

学习和积累经验固然重要，但最终，还必须把这些知识和经验转化成可以提供给消费者的商品或者服务，这样才能创造出实际价值，而且所提供的商品或者服务带给消费者的惊喜越多，成功的概率也就越大。

那么"惊喜"到底指的是什么呢？

这里说的"惊喜"与"革新"的基本含义相似。说到"革新"，一般大家都会理解为将不同性质的事物结合起来，创造出全新的事物。当然这么理解也不能算错，但是受能力及其他各方面的条件所限，并不是每个人都能创造出全新的事物的。

对能力没有那么高的人来说，可以把重点放在"把不同性质的事物相结合"上：试着把两种不相关的东西结合起来，这种有趣的结合就可能催生出上面所说的"惊喜"。

惊喜案例之一：火焰冰淇淋

我们经常在咖啡店喝咖啡、吃蛋糕，除了常见的食物与服务以外，有些咖啡店还会提供一些特别的用餐服务。

实战创业法

比如有些咖啡店会调暗灯光，在顾客的面前点燃可丽饼或者水果派。火苗蹿起的瞬间，总会引起一片惊呼声。也有的咖啡店提供反常识的餐点，比如火焰冰淇淋，即把白兰地浇在冰淇淋上点燃，看上去就像是冰淇淋在燃烧一般，视觉效果十分震撼。这让许多来就餐的食客觉得很惊喜。当然，浇在冰淇淋上的白兰地可以燃烧，但燃烧的时间太长冰淇淋就融化了，这就要求店员必须掌握技巧，把控好熄灭火焰的时间。

惊喜案例之二：油炸冰淇淋

除了火焰冰淇淋之外，油炸冰淇淋也是个让人惊奇的创意甜点。真没想到冰淇淋居然也能像其他食材一样下油锅炸，当外皮酥脆的油炸冰淇淋呈现在眼前时，是不是很让人惊喜？想出这个点子的人真的很让人敬佩。做好油炸冰淇淋也需要精确地掌握好火候和时间，否则就会弄巧成拙。

将冰淇淋和"火焰""油炸"这两个概念结合在一起后，呈现出来的产物的确让人惊喜。这种创意需要善于发现的眼睛和乐于尝试的勇气，否则即使想到了也意识不到这是个商机。

惊喜案例之三：反季节的红枫叶

新事物是从"让人意外的想法"或者"不同性质的事物相结合"演化而来的。

在日本，红枫叶可以用来点缀餐盘，这就增加了枫叶的附加值，一盒红叶能卖到 600 日元，于是不少人做起了红叶生意。我曾看过一个电视节目，讲的就是日本德岛县上胜町的一群七八十岁老奶奶做红叶生意的故事。她们的生意做得非常成功，其中有的人年收入甚至超过了 1000 万日元。有位老奶奶高兴地说："没想到这把年纪了还能赚到钱。"

看完节目，我对她们产生了由衷的敬佩。德岛县上胜町是个只有 1000 多人的小村庄，这几位老奶奶靠卖红叶竟做起了几亿日元的大生意。她们通过平板电脑接到餐厅的订单后，马上上山去采摘红枫叶。红叶生意不仅丰富了她们的老年生活，还让她们赚了很多钱。

老奶奶们不只会做生意，还知道让枫叶快速变红的方法：早点把老叶片摘掉，新长出来的叶子就能提早变红。比如早一个月摘掉老叶片，新叶子就能提前一个月变成红色。用这个小窍门就能控制枫叶变红的节奏，打出时间差，在这片枫林还没变红的时候，另一片枫林已经可以采摘了。这样就能保证供货不间断，即便不是枫叶变红的季节，她们也能把红叶送到全国各地的餐厅去。这就称得上是"惊喜"。

综上所述，把意想不到的、没有人留心过的几样东西花心思结合起来，就能够创造出全新的事物。

制造惊喜背后的动机

惊喜来自哪里？其实，它就来自于一颗童心。这颗童心是一颗希望大家快乐的心。想让大家开心，就要去思考怎么做大家才会开心。小时候我们会搞个恶作剧、做个小游戏来玩玩闹闹；长大以后，这颗童心就需要升级，让策划能力、创意能力结出丰硕的成果，为你创造出价值。

想制造出惊喜就需要拓宽研究的范围,涉足与本职工作不相关的领域,在那些领域里或许就可以创造出意外之喜。

墨守成规会失去回头客

人们总是渴望新鲜感,如果一套模式万年不变,那么回头客就会越来越少。要想增加回头客,必须在维护老顾客方面做出努力。

以前有段时期,去京都出差时我经常入住一家老牌的传统旅馆。有一次快用餐的时候,我说了一句:"现在是五月份,招牌菜应该是盐烧香鱼吧。"我清楚地记得,听到这句话,那里资历最老的服务员脸色大变。一般的日本旅馆,初次光顾的客人通常不会停留超过两个晚上,因此旅馆只需要准备两份菜单交替使用,就可以保证菜色不重样了。我住的这家旅馆没有想到竟然有客人在同一个季节光顾两次,而且还记住了这里的应季招牌菜,所以服务员才吃惊到变了脸色。这也说明他们的菜单没有变过,一直都是原来的那些东西。对饮食比较挑剔的客人恐怕就不会再来了，这也是听到我说出招牌菜时旅店方面感到羞愧的原因。

老牌旅馆也应认真应对顾客投诉

日本某党派的一位新任党首似乎很喜欢泡温泉，记得她写过："在栃木县一家旅馆里泡温泉的时候，发生了'温水煮青蛙'事件。"原本"温水煮青蛙"是说青蛙没有察觉到水的温度在慢慢升高，安于现状，最后丢了性命。她在这里指的是温泉水面上漂着死青蛙的现象。

她接着写道："我问旅馆的人这是怎么回事，他们说这些青蛙可能是下大雨时从旁边的池塘跳进温泉里来的。"这种解释当然无法让人信服，如果公开了到底是哪家旅馆，恐怕客人们都不会再去住了。

正确处理顾客投诉是件非常重要的事情。

同样是历史悠久的高级旅馆，服务水平却千差万别。例如，京都有些旅馆房间里的毛巾异味特别大，这是因为当地的自来水水质不好，有异味。虽说京都的茶很有名，可是那里的自来水远没有东京的那么好喝。京都有些地方的用水引自琵琶湖①，那里的水异味重，长期用它来洗毛巾的话，异味就会沾染到毛巾上，何况旅馆还会使用大量的消毒剂。由于异味是每天一点点加重的，长期在那里工作的人很难察觉出来。

我就曾住过这样一家旅馆。我还记得在离开旅馆的时候，我在出口处的意见簿上写了"毛巾是臭的"。客房部负责人看到我在写意见簿，脸色立马变得铁青，因为他知道顾客一旦有不满，以后就再也不会来住了。

所以说，即使是历史悠久、名气很大的商家也可能会有疏漏，想要改进服务就必须认真对待客人的投诉，否则就会逐渐失去顾客，被市场淘汰。

---

① 琵琶湖：日本第一大淡水湖，琵琶湖的地理位置十分重要，邻近日本古都京都、奈良，横跨在两大经济重镇大阪和名古屋之间。

实战创业法

优秀营业员和店长们的共同点

住酒店或者逛商店时,我发现有些营业员或店长竟然能够清楚地记得顾客的姓名、职业、买过的东西等,这令我十分惊讶。即使客人时隔一年再来店里,他们依然记得一年前这位客人消费的细节。这一年当中,他们肯定接待过无数顾客,竟然还能够一一记得每位顾客上一次来的情景,有的服务人员甚至还能立刻叫出顾客的全名,这种用心的服务态度真是令人折服。

据说,优秀的酒店门童能够记住一两万人的相貌、姓名、职业等信息。档次越高的酒店或者店铺,职员的记忆力越好,服务也越贴心。我想,这些企业肯定是在这方面下了功夫的,说不定平时会要求工作人员记笔记,尽可能多地把各种与客人有关的信息都记在脑子里,以备不时之需。

如果我们集团各培训机构的负责人也能具备这样的能力,顾客一走进来就能叫出他们的名字,让他们吃惊到"咦?他居然记得我！"，那么顾客的忠诚度肯定也会越来越高。

因为人们会因为别人记得自己，记得自己的口味、喜好等而惊喜，也会因为说过的话连自己都忘记了，可别人却还记得而感动。单凭这一条，就能让企业大大增加回头客的数量。所以，这方面的职业培训很值得下功夫。

在学校里，能够很快记住学生名字和相貌、熟悉每个学生具体情况的老师，毫无疑问是非常用心工作的，自然也会很受学生欢迎。师生关系融洽，也有助于学校的管理。相反，那些所谓的"问题学生"的老师们则大多是些强硬派，不在意每个学生的个性和能力，也根本不懂得因材施教。

依靠创造惊喜来占据绝对优势

经营事业的规模必须与自己的能力大小相适应，因此，经营者必须了解自己的能力水平。

如果你觉得自己现在能力有限，就要努力通过转变思想来提高能力，然后在此基础上选择自己将要从事的事业。

接下来要做的是寻找商机，或者说寻找事业的起点。首先要广泛搜集各种信息，也要在搜集、累积信息的同时积极听取别人的意见，借鉴别人的经验教训。并且，在开发新产品或者服务项目时重视创新，努力创造出高附加值的产品。想要在行业内占据绝对优势，就必须不断思考自己能为顾客带来什么样的惊喜。这样的努力是很有必要的。

一般来讲，这里的"惊喜"来自于"不同性质的事物相结合"。从甚至连自己也觉得不可能的地方挖掘出可能性，让原本风马牛不相及的几种事物相结合，创造出吸引顾客的惊喜。

这种惊喜可以是花一点小心思，让对方感觉有点小意外。比如，在回头客光顾时叫出顾客的全名、记住客人的家庭情况，问候一句"您的儿子还好吗？""您的女儿最近过得怎么样？"，让客人惊讶："他竟然记得！"

再比如，记住上一次跟顾客见面时的情景，记住当时聊过什么。如果顾客上次来时曾倾诉过某些烦恼，那么这次他再来光顾的时候可以问一句"上次您说起过的那个问题解决了吗？"

让顾客感觉到你的关心，这样就会让客人既吃惊又感动。

不过，假如你是一位店员，自己的老客户来店里的时候你恰好休息，而其他同事像对待初次光临的客人那样接待他，客人可能就会心生不满，甚至再也不来了。所以在这种情况下，只有自己清楚顾客的情况还不够，所有的同事们都要互通有无，信息共享，让所有客人都有宾至如归的感觉。有些商家确实能够做到这一点，他们长期坚持做到让顾客满意，对顾客表达关切之情、提供优质的商品或服务。对商家来说，想维护老顾客，就得常常思考老顾客会因为什么不再光顾并考虑对策。

6 注重培养人才,事业才能做大做强

众人拾柴火焰高

如果你只做个小生意,单打独斗可能也能够应付。但是,要想把事业做大做强,则必须注重人才的培养。

挑选培养的对象时要注意策略。你可以同时给很多人提供同样的机会,让他们都去尝试,观察他们的反应:有人会很乐意接受挑战,勇于尝试;也有人比较敷衍,认为这次失败了也无所谓;还有人认为说错了话也会被原谅,因而不断地表达自己的意见……如此种种,你就可以根据实际需要,挑选出合适的人才进行培养。尽可能多培养出堪当左膀右臂的人,毕竟众人拾柴火焰高,这样事业才能做大做强。

如何让他人为你所用

日本有家电视台曾播出过中国长篇电视剧《楚汉传奇》。

因为我的名字"隆法(Ryuho)[①]"和"刘邦"的日语发音一样,所以我原本想支持刘邦。可看了这部电视剧之后,我总觉得自己某些方面跟项羽比较像,心想:"坏了,必须想办法从项羽型变成刘邦型的人,要不然就会像项羽一样最后落得乌江自刎的下场。"

在战场上,一支军队如果由一名勇猛的将领率领,肯定会敢打敢冲,有极强的战斗力。除此之外,一支所向披靡的军队还需要一名谋士在将军身边辅佐,这样这支军队才能胜多败少。指挥官的才能有时也会成为一把双刃剑,因为如果他认为

---

① 隆法(Ryuho):作者的名字。日语中"刘邦(Ryuho)"的发音与"隆法(Ryuho)"的发音相同。

实战创业法

自己一个人就能运筹帷幄、所向无敌的话，就会一意孤行，对别人的建议置若罔闻。下属没有机会参与决策，自然无法建成人才培养的梯队。

比如，我的集团里人才济济，有的人擅长演讲，有的人能说一口流利的外语，还有的人形象气质特别出众。但是，无论个人的才能多么优秀，赢得了多少赞誉，大家都能保持着谦虚勤勉的态度，这一点我觉得尤为可贵。毕竟，别人身上肯定有比自己优秀、值得学习的地方，盲目自大只会让自己原地踏步。

项羽性情暴躁，有勇无谋，喜欢单打独斗，身边缺少能为他出谋划策的人。即便有人前来谏言献策，他也很少采纳。而刘邦就很会放低姿态，广纳人才，虚心听取身边人的意见，所以很多勇士贤者都为他所用。经营类的书籍经常讲到"任用比自己有智慧的人很重要"，还常常提到安德鲁·卡耐基（Andrew Carnegie）的墓志铭——"一位知道任用比他本人能力更强的人安息于此"。事实上，很少有人能真正做到任用比自己更富才干的人。

俗话说"教会徒弟，饿死师傅"，这句话放在铁匠之类的手艺人身上还可以。但是，这句话在经营管理上则完全不适用。发展到一定规模的企业尤其要注重"教会徒弟"这一步。领导要为部下提供成长与发展的机会，遇到合适的人才就要考虑培养他独当一面的能力。

对企业领导来说，善于听取不同的意见、保持一颗好奇心也很重要，说不定什么时候就能灵光一现，制造出引领市场的"惊喜"。我认为这种开放的心态对企业的长远发展意义重大。

在扩大事业版图的同时，提高培养人才的能力

我们集团的很多人没有把自己的才能充分发挥出来，这让我感到很遗憾。

在过去二十多年里，我培养出了很多堪任馆长、理事、课长的人才，这是实实在在的成绩。不管他们最初能力如何，在反复培养、磨炼的过程中，都能渐渐胜任这些管理工作。

实战创业法

想当初我们集团刚起步的时候,连能够胜任精舍馆长职位的人选都没有。为方便统一管理,我干脆把综合本部也整体搬到了我们的精舍里面,两百多个职员集中在一起共同经营一家精舍。现在,我们用更少的人手同时经营多家精舍,职员们的工作能力跟以前相比也已经有了大幅度的提高。

不过,职员的个人成长一旦追赶不上组织的发展脚步,他们就会中途掉队。因此,企业在发展事业的同时也应注重提高员工的个人能力。

对企业领导来说,善于用人非常重要。在组织里崭露头角的员工即使经验尚有不足,领导作为前辈也应该耐心去培养、提高他们的能力;要敢于放手,让他们去挑战、磨炼。就像一片红叶落在地上只能化为泥土,但是用来点缀餐盘就不一样了,就有了附加值,摇身一变成为高级料理的一部分。任用人才也是一样,哪怕是看上去"百无一用"的人,只要用对了地方,也能发挥出意想不到的作用。

每个人都有自己的特长。有时候即使觉得自己的做法很好，也要虚心听取别人的意见，取长补短，只有通力合作才能取得最终的成功。

我也希望自己能从"项羽型"变成"刘邦型"的人，像汉高祖刘邦一样有能力建立起一个强大的帝国。一个人的智慧是有限的，在此，希望大家助我一臂之力，也希望更多尚未崭露头角的人以各种方式不断地涌现出来。若诸君也都能这么想，将是我之大幸。

第三部分　何谓财务的思考

第三部分　何谓财务的思考

1 财务的概念

从实践经营学的角度来谈财务的思考方式

实践经营学包罗万象，在此我想着重为大家普及一些与财务相关的知识。希望大家能借此对财务方面的理论及实践有一个大致的了解。

无论对经营者、有志成为经营者的人、商务精英、在校学生，还是对经营学爱好者来说，了解财务知识都将终身受用。当然，大家不可能只靠读过这一本书就能梦想成真，我在这里抛砖引玉，希望本章内容能为大家提供思路，成为各位自主钻研财务知识的垫脚石。

基于我以前的工作经历，可以说财务是我最为精通的领域，在本书中我不会机械地拘泥于财务专业知识，而是从经营实践的角度跟大家进行探讨。

上层领导必须具备财务方面的思考能力

很少有人会传授我们这一方面的知识，也许是因为其中的很多知识是只能意会、不可言传的吧。有相当一部分社长，在很大程度上都依赖于自己的直觉去判断和行动。他们的性格、行为模式以及行为习惯都会反映在财务决策上。上层领导的个人决定对企业的财务决策影响很大。

一涉及经营话题，必定有些内容是令经营者们深恶痛绝的。我们集团的投资者们就曾经抱怨我总是打击他们。因为经营者大都自我感觉良好，是不时时提醒就容易自以为是的一群人。尤其在财务方面，有相当一部分经营者在处理财务问题时，不会从专业的角度考虑，只依赖自己的直觉。所以，对这样的经营者苦口婆心的反复告诫很有必要。

　　上层领导的个人性格和思维方式会在很大程度上左右一个公司的运营。往大里说，经营一个国家也是如此。经济学中常把经济划分成宏观经济和微观经济两部分进行研究。当然，站在国家这一大层面考虑，国家的经营绝不只受利益的驱使，还有很多其他影响因素。但是，宏观上来讲，国家同样会因为领导者个人的原因或强大或衰弱，历史上有很多这样的故事佐证。

　　所以说，一个具备一定财务知识的高层领导对一家企业甚至一个国家的良好运转来说都是非常重要的。当然，当企业发展到一定规模时，高层领导就不可能事事亲力亲为，这时财务部门作为参谋部门，必须有效发挥部门的职能，否则，公司将难以为继。

　　处于创业起步阶段的独立经营者多数都是技术人员出身，他们通常制造或者发明出某种前所未有的商品，接着把它投入市场，以此为基础创建自己的公司。

实战创业法

技术人员出身的经营者在商品生产方面十分在行,所以公司在发展初期的经营应该比较平稳。这样的企业在规模增大后,往往容易忽视财务部门,而被忽视的财务部门才恰恰是企业能否继续做大的关键。此外,企业是否会因为财务问题而突然破产倒闭同样也掌握在这个部门手里。

所以说企业发展到一定规模,就必须引入专业财务人员。否则,企业试图继续扩张之时,就是它走向倒闭之日。

财务和会计的区别

现在,有一种现象在现实中到处上演:企业内部财务状况变动表或资产负债表[①]显示,这完全是一家盈利的公司,但不知什么原因,它竟然破产了。

这就让人糊涂了——既然营业收入远超成本,而且利润也相当可观,那就没有倒闭的道理。不要说技术员出身的社长对

---

① 资产负债表(BALANCE SHEET,简称 BS):企业在一定时期(例如年末)的资产、负债和所有者权益的会计报表。

此一头雾水，有时就连那些做销售出身的在所从事的领域有着丰富经验并凭借非凡的经营才能一手创立公司的社长，同样不明就里。因为他们缺乏最基本的财务知识。

其实，这就是财务上所说的"账面盈利破产"现象。通常在管理人员对财务知识一无所知的企业里，这种情况更容易发生。从会计上看来账面毫无异样，但体现在财务上却是公司必倒无疑。这里，财务和会计的区别就立即彰显出来了。

各行业中都存在一定比例的"盈利破产"企业。当然，比起那些为数众多的因为赤字而破产的企业来说，能实现账面盈利的企业更容易摆脱困境，卷土重来。

账面盈利破产缘何出现

稻盛和夫等企业家都曾表达过一种观点：要将收入创新高，同时把成本压到最低，其中的差额大致就可以视为利润，把利润这部分尽量做大，这很重要。从会计角度来讲，收入最大，成本最小才能实现利润最大化。这个观点非常容易理解，对员工解释的话也无非就是"尽量多争取一个客户，让更多的人使用或者购买我们的产品或服务。同时实现成本的最小化，尽量把它缩减到最低。能做到这些，公司盈利的基本格局就坚若磐石"。如果用一句话对稻盛经营主张做一番总结，我想应该就是这句话。

但是，这番话当中依然存在漏洞。从会计的角度考虑，事实的确如此，但如果用"财务的思考方式"来衡量的话，这句话未免有失周全。因为，上面提到的"账面盈利破产"就是在这样的情况下出现的。

出现这种现象的原因并不复杂。销售人员在销售产品时常常喜欢强行推广和硬性推销，尤其针对那些有长期合作关系的客户，销售人员为了吸引客户常常允许对方有一定的"账期"。

用专业术语来讲，这种情况下买卖的成功是建立在"应收账款[①]"的基础上的。这部分账款被算入"资产部分",所以它是盈利的组成部分。

但是,应收账款只有在收回之后才能真正算作现金。

想把这部分账款收回来,企业就只能去讨债了。很多书里描写过江户时代有趣的讨债情节。每逢年末,就有人算计这个年还能不能过得去,因为在12月31日这天,讨债的人将纷纷杀上门来。书中生动地描绘了经营者如何乔装打扮,避过对方耳目逃之夭夭的情形。还有一些刊物专门研究如何恐吓上门讨债的人,并把他们赶回去,在日本甚至有人凭借销售这类书籍发了大财。例如,某本书中写道:"如果讨债的来了,你就装作得了失心疯,或者捏着鸡脖子一刀砍下去,掉了脑袋的鸡就会四处狂奔,讨债的一定会被吓得仓皇逃命。"这类研究年末如何不择手段地赖账的书一直销售到现在。

---

① 应收账款:在个人或企业之间相互信任的基础上成立的交易所产生的尚未收回的营业收入。

实战创业法

避免资金短缺

通过这种方式，销售方把商品卖出去了，但因为赊销的货款未收回成了债权人。如果这部分货款收不回来，那这部分收入其实也就不存在。到本年12月31日那天，挂账的钱款未收回，同时又得支付其他方面的款项，企业该怎么办呢？

举例来说，某家公司出售商品后有1.2亿日元的账款尚未收回，但制造这部分商品所消耗的原材料及各项杂费共花费1亿日元，这笔费用已经产生并且在年内必须付清。如果不这样做，供应商将停止提供零部件。所以为了保证明年继续生产，这1亿日元就必须及时付清。这家公司虽然很想要回这1.2亿日元的欠款，但对方的社长却人间蒸发，不知道逃到什么地方"躲年关"去了。你看，对方逃之夭夭的话，这笔欠款就无法入账，即便公司再怎么着急用钱也无可奈何。

这样一来，虽然会计的账簿上显示有2000万日元的利润，但事实却是公司账户的现金流里出现了1.2亿日元的短缺，而应该到手的利润更是无从谈起。如果 1.2 亿日元欠款到账的话,公司就能用这部分资金来筹划下一年度的生产,但没收到就是没收到,谁都没办法。到了一月末,公司更将陷入"连工资都发不出"的窘境。

这种情况下,我们就必须使用财务的思考方式,确保现金的流动,实现收支平衡。也正是出于这个目的,财务才需要进行严密的账目结算,及时进行日结、周结、月结,还有季度结算、半年度结算等,当然很多公司也有年度结算甚至时长跨越数年的财务总结工作。

企业经营过程中,资金不足的现象称为"短缺",避免资金短缺是一项重要的财务任务。所以,所谓的"账面盈利破产"其实意味着企业发生了资金链断裂,没有钱进行周转了。例如,以期票形式付款时,如果遭到拒付[1],会导致公司信用丧失,无法维持与银行的正常业务往来。信用一旦缺失,情况

---

[1] 拒付:定期支付的期票或支票由于存款不足等原因而遭到拒绝,不获承兑。

实战创业法

就很容易演变成我们所说的"账面盈利破产"。

不可单凭票面额度判断资产价值

除了因为坏账导致资金短缺从而引发"账面盈利破产"外,还有其他原因同样会导致一个公司发生"账面盈利破产"。

债券和股票等有价证券可以流通使用,这时它是作为资产被计算在公司账面上的。虽然这部分资产的确可以使用,但在现实中,却可能因为其贬值而形同废纸,与原来持有时的价值相差巨大。

如果一位毫无财务知识的社长对公司的负债部分和资产部分做一番比较,对有价证券的"票面值"进行计算后发现其"价值"高出负债部分,他可能会十分惊喜:我们公司又发了一笔财。于是他开始大手笔地给员工涨工资,慷慨地给大家发奖金,招聘新人,扩大经营规模。但是,一些实例却清楚地告诉我们,债券和股票的价值会发生变动。有些人原本抱着"某国发行的国债利息非常高，公司要靠它大赚一把"的心态购买，结果却血本无归。这种可能性确实存在，这也是导致公司出现赤字的原因之一。

如果在股价暴跌时及时将所持股票止损抛出，那么一番计算下来，损失多少一目了然。但只要还没有卖出，损失的额度就无从计算。当年山一证券公司采用的就是这种手段，即所谓的"隐藏呆账[①]"。他们将股票转手到下属的分公司或其他机构，尽量想方设法糊弄别人，甚至很多公司的高层领导都被骗得团团转，对事实毫不知情。

而且，公司有些资产既无法出售，也没有任何其他方式处理。所以，如果只是天真地认为只要有资产在，就可以高枕无忧，这就大错特错了。

连续剧《罗斯福游戏》曾在日本热播。这部剧对企业经营者来说应该会有一定的学习价值。这部剧的剧情大致是这样

---

① 隐藏呆账：为应对决算，企业将现有的能够造成账面损失的有价证券暂时转卖给第三方，以此来掩盖损失。

实战创业法

的：某个陷入亏损的公司希望银行再次提供贷款，银行开出了一个强硬的条件——想继续获得贷款可以，但公司必须将自己的棒球俱乐部解散。在银行看来，公司都亏损成这样了，竟还想着保留棒球俱乐部，还有比这更奢侈的吗？棒球场地属于公司的闲置资产，在广阔的棒球场地的吸引下，棒球俱乐部成员恐怕很难一整天都老老实实地工作吧？估计在下午就早早地跑去打棒球了。但公司居然还为这种行为大开绿灯，在经营上三心二意，敷衍了事，却为每一次比赛的输赢欢呼雀跃。这就是该公司倒闭的前兆。银行责令他们"先去把棒球俱乐部解散掉"，这也是一个银行应该做的。但在这家企业的管理者看来，棒球俱乐部和公司是一体的，把场地卖掉、解散棒球俱乐部才真正是公司倒闭的象征，因为公司的传统也将随之荡然无存了。除银行外，外界也经常有这样的声音，要求企业把闲置资产处理掉。这里涉及投资和理财，恐怕又是一个相当专业的领域，在此暂且不论。

财务——企业的"血液循环系统"

那么,财务对整个企业来说究竟有多重要呢?

若以人体系统来比喻,财务就相当于血液循环系统。如果血液循环不畅,身体就会生病,甚至死亡。能充当一个企业的血液部分的,非金钱莫属。资金周转不灵,企业就会面临很多问题,这些问题解决不当的话,企业还有倒闭的风险。

很多企业对银行过分依赖,认为只要银行肯融资,一切都不成问题。但一旦遇到融资终止或撤回的情况,资金链就会断裂,"血液循环"也就戛然而止了。

如果经济形势平稳或者比较景气,各项经济预测指标处于上升状态,各行各业也都呈现出一派欣欣向荣的景象的话,企业只要正常经营,基本都会实现业绩的顺利增长。在这种经济形势下,银行也比较放心放款。企业在得到一年的短期贷款后,还可以采用"转滚[①]法",用贷款展期的方式每年持续

[①] 转滚:借款到期时,借款人向贷款银行申请并获准延期偿还贷款。

融资。

长期贷款分为三年、五年和七年等不同期限。工厂贷款的期限够长才能保证其资金回笼。所以工厂即使承担着高额利息,仍需要长期贷款,以确保生产顺利进行。

如果一切顺利,这种做法倒也无可厚非,但经济形势并不总是那么乐观。例如日本20世纪90年代经济泡沫破裂,当时土地价格暴跌,可以说是以前的宫泽内阁[①]一手制造的恶果,政府打着"资产倍增计划"的旗号,却把土地搞得一文不值。

我们来看看这带来了怎样的连锁反应。企业在向银行贷款时多以土地和工厂作担保,工厂的价值并不大,但工厂和办公楼是建立在土地之上的,这些统统包括在内的话,不动产部分的价值就非常可观了。以这些资产为抵押,银行就会发放相当于抵押标的物价值七八成的贷款。比如,工厂的土

---

① 宫泽内阁:是日本众议院议员、自由民主党总裁宫泽喜一被任命为第78任内阁总理大臣后组成的日本内阁,自1991年11月5日至1992年12月12日当政。

地和它上面的建筑市值为 10 亿日元，那么以此为抵押可以获得大约七八亿日元的融资。20 世纪 80 年代人们普遍认为土地价格会一直飙升下去，"别看现在只值 10 亿日元，以后可能会涨到 20 亿甚至 30 亿日元也说不定"。而且当时银行贷款的政策相当宽松，银行职员大肆鼓动企业购买可有可无的产品，享受可有可无的服务，他们甚至会说："你就继续买地，继续建工厂好了，我们再给你追加点贷款也没关系。"

结果，在经济泡沫破裂时，银行为了维持其财务体系的正常运转，纷纷开始撤回贷款，甚至分行之间都开始了贷款收回大比拼，看看哪家分行的收回业务完成得好。这时候，以前企业觉得完全可行的项目突然陷入了资金短缺的困境。巧妇难为无米之炊，经营者们也束手无策，倒闭的企业数不胜数。

当然，也有公司通过上市发行股票的方式进行融资。但如果企业尚不具备上市的实力却又遇上股东抛售股份，为摆脱困境，出路恐怕就只有借高利贷了。即使利息更高、风险更大，他们也只能继续东拼西借，拆了东墙补西墙。为了偿还这些欠

实战创业法

款，他们又不得不向利息更高的放贷者求助。接下来，黑社会成员讨债的身影就会逐渐出没于社长周围，吓破胆的一家人不得不东躲西藏。

当然，有些被银行撤回贷款的企业可以采用发行股票的方式去筹集资金。事实上，对他们来说怎么做都举步维艰。我想强调的是，企业因为外因突然陷入破产危机，这种情况也是客观存在的。

这样的危机管理其实也是财务的职责之一。

2 财务的工作

企业发展阶段，会计部门的作用

有些读者可能不太了解财务的概况，所以我为大家做一个相对详细的说明。

事实上，刚刚创立的小公司多半是没有财务部的。有些小公司可能有会计部门，有些则根本连会计专员都没有，这种只有寥寥数人的小公司往往只有一个总务担当。在办理银行业务时，则由一个号称"总务课长"的人出马，他基本上就"承包"了管理部门的所有业务。

实战创业法

随着公司的发展,总务部和会计部实现了分离,其中与资金相关的业务由会计部负责。大型企业的财务工作也由会计部处理。他们的工作包括制作财务决算报告[①]等文件,负责处理银行贷款、还款,计算并发放工资等。就这样,与资金相关的业务就交给了会计部,总务部则负责其他日常事务,包括从各种杂务到公司各部门的管理。会计和总务大致就是这样分工协作的。

如果企业规模进一步扩大,那么财务和会计的工作也会细分开来。

会计的基本工作内容是将公司的每一笔资金业务登入明细分类账上,以数字的形式清晰地表现出来,并且定期制作报表,如资产负债表、利润表、现金流量表等,以表明企业的经营状况。同时企业会计也要负责报销、报税等。

----

① 财务决算报告:企业向利益相关者(股东、银行、债权人等)出示的、详细说明在一定期间内的经营业绩和财务状况的报表。主要由资产负债表(BS)、利润表(PL)和现金流量表(CF)三部分组成。

第三部分　何谓财务的思考

与银行交涉是财务人员的工作

而财务要做的，则是综合各方面的信息，利用各种财务分析工具，制订出对企业发展有利的策略方案，也包括在资金不足时，同银行交涉申请贷款等事项。对财务来说，最棘手的工作当然就是借钱了。

在财务部门尚未独立出来之前，企业需要贷款时，多是由社长亲自出面，向银行详细介绍公司的情况并出示决算书，并表示"公司现在的情况大致是这样的。这是我们的销售情况。只需要这些资金，工厂就能够开工投产了""你看这款产品，只需再投入一些研发经费，我们就能完成开发并正式生产了。这是销售前景。所以，只要贵行肯发放贷款，我们就一定能做成"。社长必须这样拼命游说，才有可能说服对方同意放贷。

当企业规模逐渐扩大后，与银行交涉的工作就由财务部门接手了。

为了防止"进账"和"出账"的时间差导致的资金短缺情

实战创业法

况出现，他们必须在每个月初、月末，或者所谓的五十日，即每月 5 日、10 日、15 日、20 日等日期进行结算。也就是得在付款比较频繁的日期里密切关注结算银行账户中的现金余额，查看余额是否充足。

说到财务上的结算方式，如果你的脑海里立即浮现出"从银行借钱支付"的话，那就完全外行了。当你变成专业的财务人员后就会明白，这种支付手段很不可取。举例来说，企业有一笔 1 亿日元的款项采用三个月的期票形式支付，即意味着在三个月后有 1 亿日元的现金支出。这时，最好保证在支付时有兑现发生，也就是有现金的流入。这样一来，资金流出和流入就可以于短时间内在同一家银行实现，无须冗繁的手续即可做到轻松对账。

也就是说，企业完全没有必要为了偿还一笔 1 亿日元的业务去向银行贷款，而是大可事先设定其他业务中 1 亿日元的入账日期，以这笔资金去还款，就可以轻松避免在银行贷款和还款的麻烦。

第三部分　何谓财务的思考

财务部门制定资金规划

财务部门就是这样规划企业的资金的。他们关注着大额支出的日期，然后尽量调整收入与之相适应，同时调整收付款日期，努力实现二者的相互协调。如果企业有大额支出时却发生了资金短缺，出现赤字，就不得不去借款，那就是非常严重的问题了。为了防止这种情况的出现，企业会尽量以自有资金去填补这部分支出，这就是为什么财务会努力协调好支出和收入的到账日期的原因。

所以，财务部门需要细致地制订每天、每周和每月的资金周转计划，这类工作我也曾经做过。当时我在商社的分公司工作，负责整个分公司的资金周转规划。当然，没有这些规划并不意味着一定要向银行贷款，某些情况下，企业完全可以凭借自己的账户资产完成资金调配。

财务部门的业务内容还有可能涉及外汇。我曾经在国外工作过，负责以美金和日元为结算货币的交易，当然也包括以美金为结算货币的进出口贸易。进口业务部和出口业务部各自独立经营，如果进口费用支付日期和出口货款收回日期相差太多，例如两者之间有五天时间差，那么在这五天之内，需要支出的这部分资金就变成我们公司的负担，在这十几天时间里，我们不得不向银行贷款，并且支付贷款利息。这部分利息支付得实在没必要，所以我会尽量调整进出口的结算日期，实现两者之间的及时对接，避免无谓的利息支出。在进出口业务同时存在的企业里，财务人员大都是这样操作的。

人事、总务、秘书等管理部门

以上我们介绍的是财务和会计的分离。当公司的业务规模逐渐扩大时，只有总务部门来管理公司也会显得捉襟见肘，这时总务部和人事部的分离也就成为一种必然。人事专门负责招聘、培训、考勤、绩效考核和制定人力资源的战略规划等工作。总务部则负责其他常规业务中剩余的部分，也就是各类杂务以及其他一些琐碎事务。

第三部分 何谓财务的思考

如果企业规模再大一点，那么还将出现一个跟总务和人事两部门都挂钩但又独立存在的秘书部门。这个部门称为秘书课或秘书部，在一些大型企业中也被称为秘书室。秘书部门服务于公司上层的董事成员、经营者或营业助理，承担了总务部门无力负担的一些工作。例如，社长、副社长或专务级别的人会频繁交流一些机密信息和重要决策，这时公司就需要筛选一些口风紧、信用好、不会背叛公司也不会暗地里滥用信息的人进入秘书部门，从而构筑相应的体制以支持上层领导的工作。不得外泄的信息绝不外泄，应该通知的信息如实通知——秘书部就是这样一个既像隐秘部队又像参谋集团的部门。

管理部门大致就是以这种方式一步步发展扩大的。

财务的寓攻于守——资金运营

公司的管理部门还应该包括财务部门。从某种意义上来说，财务部门和会计部门也属于上层领导的参谋，他们在企业

实战创业法

中的地位十分重要,这一点毋庸置疑。一涉及金钱,这两个部门的成员就会立刻变得铁面无私。因为如果资金管理不善,公司财务出现问题,"血流不畅"的话,就会面临破产的危险。所以他们必须像医生一样,时常为企业"体检",防患于未然,发现问题就及时上报,以免问题扩大。

理财和投资是会计部门不具备而财务部门具备的功能。

例如,企业手头有闲置资金的话,通常就会想到投资生利,有时候甚至会向银行贷款来进行投资。这时候,财务部门就需要制订周密的投资计划:哪种投资方案风险更小?这项投资将在多长时间内产生多大的效益?这样的效益是否值得公司去跟银行贷款?贷款额度多少比较合适?相应的利息是多少?等等。或者,如果从产生的效益中提出一部分直接算作利润的话,那么我们将不得不为这部分利润支付巨额利息。与其如此,还不如为将来考虑一下,闲置资金的用途很多,需要建工厂的话就拿去建工厂,需要购买建筑用地的话就拿去购买建筑用地。选择是否要进行这方面的投资以及制订投资计划,基本上都属于财务部门的工作范畴。

从这个角度看来，财务工作又是会计工作的外溢部分。如果说会计是以"守卫"为中心的话，那么财务就是守中有攻。总体上来看，攻守兼备的那部分工作，就是财务要负责的。

一个企业要做大做强，就需要保证资金的充足，在"攻击"时必须时刻不忘严密"防守"。例如，依靠技术开发而飞速发展的一个公司是否会面临倒闭，很大程度上就取决于是否拥有能够准确预判并规避风险的财务能人。

举例来说，在"活力门事件"[①]中，一个市值高达7700亿日元的公司轰然倒闭，其原因就在于财务管理不善。你看，是否拥有一个优秀的财务团队直接决定着企业是否可以维系经营。

---

① 活力门事件：2006年1月16日，东京地方检察厅特搜部与日本证券交易监视委员会，以活力门公司及其下属的子公司涉嫌违反《证券交易法》有关规定，强行搜查活力门公司总部及其董事长堀江贵文的住所。目前，在日本经济界，"活力门事件"不仅指活力门企业的股票暴跌，而且也用来指日本股票市场整体的下跌。

技术或销售出身的管理者常有的缺点

技术人员出身的管理者往往对研发资金的需求比较迫切，因为只有资金到位了，他们才能够着手研发。但是，他们当中却有相当一部分人搞不清楚"借款"和"自有资金"究竟有什么区别。即便如此，这竟然也不影响他们稳稳地坐在领导的位置上。如果这类公司只有5人、10人或20人左右，只要能实现产品的顺利销售，即使管理者将"借款"和"自有资金"混为一谈，也丝毫不会影响公司的正常运转。但一旦公司发展为中等规模的企业，公司的经营就会受到一定影响。所以说，公司负责人非常有必要将这二者区分清楚。

对公司来说，包括银行贷款在内，借来的钱必须如期归还。无论是1年、3年还是5年，还款的最后期限总会到来。届时，必须确保企业具备足够的还款能力。

公司如果出现亏损，无力偿还债务，就可能想到用做假账等各种弄虚作假的手段欺瞒债权人。于是，他们开始在账目上

第三部分　何谓财务的思考

做手脚，编造一些根本不存在的收入，而实际产生的成本却被巧妙地隐藏起来了。同时为了继续得到贷款，他们不惜欺骗银行，提交虚假的财务报表。不过终有一天，这一切丑行将大白于天下，这类企业的相关工作人员也会因为违反商业法而遭到逮捕。到那时候，公司信用扫地，离破产也就不远了。所以，我们要尽量杜绝财务上的欺诈。

在漫长的企业经营史中，公司在创立的最初十年内都曾陷入过资金危机，幸免的企业几乎不存在。如果经营者无法在这座修罗场上取胜，也就算不上一位成功的经营者。因为，资金危机是一次避无可避的经营考验，它总有一天会登门拜访。有些社长对财务基础知识一无所知，即使公司聘用了专业的财务人员，并让他们为社长反复讲解财务的各项内容，他们仍不得要领。

这也是为什么我认为有些做技术或者销售出身的社长搞不清楚"资金究竟何去何从""公司究竟是赚是赔"的原因。这些知识必须认真学习才能掌握。

战略性财务思考

接下来，我觉得有必要为大家在更宏观的意义上讲解一下"战略性财务思考"。

如前所述，当国家的经济政策出现变化或经济发生转向时，一个精明参谋的缺失将为企业的倒闭埋下隐患。

比如，宫泽内阁高喊着的"资产倍增计划"，实际上却导致资产大幅缩水。所谓的"资产倍增计划"为大家描述了一幅"凭个人收入就有能力在东京购买一处房产"的美好画面，但事实上，这也正意味着地价的暴跌。政府所说的"之前土地价格太贵，所以民众买不起房子，那我们就让他们买得起"的意思就是强行压低土地价格。有银行贷款经验的人可能会明白这其中的含义，不懂尊重经济规则的决策者贸然做了决定，后果就是这个政策导致国民资产大幅缩水，企业破产倒闭接踵而来，吞并接管的闹剧接连上演。

如前所述，银行也在这一场泡沫大潮中迷失了自我，变得浮躁不堪。企业明明知道某些东西并非迫切需要，但很多时候他们却因为"将来可能派得上用场，而且价格很有可能上涨"，而控制不住购买的欲望。

比如，邻居花了1亿日元买了套公寓，一年以后，公寓就涨到了2亿日元，什么都不用做就稳赚1亿日元！任何人都受不了这种诱惑，这时银行也不失时机地鼓动人们说："你要不要贷款？贷款去买公寓吧。"很多人听到这种话，即使本来没有什么需求，但一想到一年以后出手，就可以净赚1亿日元，而且平时存下1亿日元又那么困难，也就不由自主地出手了。

公司也有可能做出同样的举动。只不过，公司普遍倾向于大手笔购置，他们更喜欢整栋整栋地购买。高尔夫运动刚在日本流行时，高尔夫球场遍地开花。不甘落后的企业家们纷纷大肆购买土地来兴建高尔夫场地，高尔夫会员的入会费也水涨船高。人们认为"这也具有投资价值，我们不必为资产运作操心了，只需要购买高尔夫会员资格，它自然而然就会升值"。在这种疯狂想法的驱使下，大家对高尔夫会员资格趋之若鹜，一窝蜂地跑去抢购。

还有人选择购买土地,自己修建高尔夫球场。既然手里有了这片球场,不用的话就太可惜了,于是大家干脆就开始招待客户们打高尔夫球。从社长到管理层再到普通的销售员,大家的上班地点已经不是公司,而是高尔夫球场。

之后大家等到的就是经济泡沫的轰然破裂。这当中既掺杂着媒体的批判,也有社会对道德沦丧现象的正常反应。人们露出地狱阎罗一般的嘴脸,一边喊着"这种企业倒闭就对了",一边毫不留情地亲手把他们碾碎。接下来,晚上寻欢作乐、挥霍公款的人也被盯上了。"你们玩得太过分了,破坏了社会风气。打着公司的旗号穷奢极欲,这怎么行!"于是这些人也成了过街老鼠,落了个人人喊打的下场。人们无法预见这一系列事件的后果,对社会造成了巨大的损失。

适时急流勇退也是财务的工作

20世纪70年代左右,日本曾兴起过一阵保龄球热和高尔

第三部分 何谓财务的思考

夫球热。很多人在这场大浪中投资了保龄球馆或高尔夫球场地，最后被"烫"得惨不忍睹。

当时我所在的公司同样没能幸免。尽管公司极力隐瞒，但大家还是知道了公司在北海道一个不太知名的地方购置了一片地用于建设高尔夫球场。这里离公司所在地非常远，过去相当不方便。更让人无语的是，公司本来是看准了这片土地的升值潜力才投机买入的，没想到其后续开发费用的投入却是个无底洞。

而我们集团那须精舍的那块土地，前身也是高尔夫球场，听说这片大约 30 万坪①的土地当时的开发费用高达 150 亿日元。但花费了 150 亿日元开发出来的场地竟然没有一个人去打过一次高尔夫球，高尔夫球热就悄然退去了。最终这个高尔夫球场还没正式营业就夭折了，之后每年还要花费 5000 万日元用于草坪修整。在这个背景下，我们集团以低廉的价格把它买

---

① 日本房屋或建筑用地的面积计量单位。1 坪约等于 3.3057 平方米。这里 30 万坪大约为 991710 平方米。

了下来,在这里建了一个学园。这对对方来说也是笔不错的买卖,与其每年亏损 5000 万日元除草整修,还不如让别人好好利用来得合算。

当时在日本这种例子不胜枚举。潮流大势已去,投资者们几多欢喜几多愁。我记得有一段时间咖啡馆入侵者游戏也很火。后来,它的迅速退场同样让人始料不及,开发这款游戏的公司也不得不关门大吉。曾经让整个国家的民众痴狂的一个游戏,眨眼间就消失得无影无踪。

我认为,如果这家游戏公司懂得急流勇退,也许就不会倒闭了。可是当时他们完全没有意识到危机的来临,仍然大肆扩张生产线,大量雇用人力,甚至贷款投入生产。后来,销售突然陷入停滞,留给他们的只剩下堆积如山的库存和破产这一条路。

还有一段时期,一款"电子宠物"游戏机风靡日本。最初销量好到爆棚,于是生产公司立刻加开工厂、提高产量。后来这款游戏机却毫无征兆地突然滞销,导致不少生产商倒闭。

在商品滞销之前，企业必须懂得适时急流勇退，为这款产品"践行"。这是经营者必须要做的，但如果经营者没有这种远见卓识，财务等部门就必须肩负起这项重任，勇于泼企业经营者们冷水："这股潮流已经持续了一年，如果我们继续扩大生产规模，一旦出现退货潮，很容易让我们公司陷入亏损。那时候，我们就要破产了。"有了这种警觉，即使订单依然源源不断而来，企业也会考虑削减产量或者委托其他工厂代工，为这股热潮收尾，及时规避风险。

3 两种不同经营者的财务思考模式

打折促销和合理利润中体现着不同的经营理念

能做到准确地预见流行趋势的突变,及时终止追随这股热潮,需要经营者具备一定的经营天赋。但有时候如果不经过后天的历练和知识补充,再好的天赋也无法转变成实际价值。

松下幸之助和大荣的中内功都是有经营天赋的人,据说他俩曾进行过一场人称"京都会谈"的对话。松下先生在京都拥有一处修建得像寺庙一样的庭院,名叫真真庵,面积有2000坪左右(约10亩),他经常邀请重要人物在这里举行会谈。

大荣集团的中内功也曾受邀来过这里。大荣曾以"物价二分之一革命"为口号，不断大力降低商品售价，在全国推广廉价销售战略。他还说："如果松下电器想在大荣的店里出售电视产品，那么也必须不断降低产品价格。"松下电器在自己的直营店和加盟店里采用定价销售模式，如果同样的商品在大荣更便宜，那大家肯定都会选择去大荣买。但这将直接击垮其他电器商店。所以松下幸之助回应说："如果大荣无法按照既定价格销售，我们松下电器会考虑退出。"双方谈话的内容大致如此。

松下幸之助考虑的是"合理利益"或者也叫"合理利润"。在生产成本的基础上累加适当利润，这就形成了定价。而中内功先生在美国时亲眼见过打折促销的火爆场面，所以他认为"这就是未来的销售潮流""日本也将进入降价促销时代"。大荣店中的商品售价一降再降，尤其是大件商品，促销力度更是惊人。利用这种销售手法，他击垮了各个小型超市，做到一家独大。

实战创业法

我们并不能说他错了。事实上，社会正朝着这个方向发展。时至今日，日本依然存在很多家百元店、小型便利店。而且小型便利店正跃跃欲试挑战百货商店。日本的百货业正慢慢朝着"在便利店购买西装"的方向一步步前行。正如中内功受美国廉价销售现象启示所预见的一样，降价促销成为时代潮流这一现象在一定程度上是准确的。

当然，松下幸之助也不是那么好打发的。他为了查清楚大荣低价出售的松下电器究竟来自哪一家销售商，不惜使用荧光染料在松下电器的产品上悄悄打上普通人看不到的生产编号，之后再从大荣买回产品，锁定大荣的供货商，然后逐一惩罚那些违反销售规则的销售商。这场对抗持续了十年以上，可以称得上是一场旷日持久的战争。

绝不涉足地产业的松下幸之助

在这场论战中，双方其实都有各自的道理。

大荣的商业准则是"购买闲置的土地，如果地价上扬，担保价值也将随之增长。以此为担保向银行贷款，继续购买土地，就可以在市郊开设大型超市。再进一步以大超市为担保继续贷款，继续购买土地，如此渐渐扩大企业规模"。大荣集团就是使用这种商业模式一步步发展壮大的。

而松下幸之助则如很多书中描述的，只在企业需要时才置地建厂。比如他去比较偏僻的鸟取县时，旅馆的工作人员向他求助道："我们这里没什么产业，所以年轻人都跑去大城市了。您能不能在我们这里兴建工厂呢？"松下幸之助欣然同意。于是松下电器开始在当地建造工厂。他有一个购买准则，那就是如果工厂用地为1万坪，那他就只买1万坪，绝不多买。

一旦工厂开建，周边的地价一般都会上涨。所以，如果购买的不是1万坪而是2万坪，在其中的1万坪上建工厂，等土地升值后将另外1万坪卖出去的话，只靠出售土地的收入就足以支付建厂费用了。将支出和收入金额总计起来，最终有可能实现"零支付"，也就是不花一分钱就白白建起了一座工厂，这买卖实在太合算了。

一般人当然抵抗不住这种诱惑。大荣集团就常常这样做，崇光百货也不例外。担任崇光百货社长的水岛广雄在中央大学建立了自己的一套理论，并因此拿到博士学位。他的理论是这样的：在车站附近的一流地段购买大块土地，如果在这里建起自己的旗舰店，并打造成地标性建筑，土地价格绝对会上涨。这样一来，抵押价值也将出现飙升，以此为抵押向银行贷款，继续在其他一流地段买入土地，然后继续建造商店。以这种经营方式为主题，他写了一篇博士论文并顺利拿到了博士学位。

但是，这套理论也有可能成为反面教材。在泡沫经济破裂、地价暴跌之后，这套理论就再也站不住脚了。

"绝不染指这种浮利"是三井、住友财团从江户时代就一直秉承的信条，松下幸之助也持同样的观点。他说："购买闲置的土地基本上都有利可图，这一点我当然清楚。但是，土地属于不动产，买卖不动产并不是我们的本业。一旦从不动产行业中获利，我们会很快忽视生产、销售电器产品这一本职工作，最后导致本业荒废。"所以他坚持绝不涉足不动产。

结果证明，这种做法是相对安全的。当然这是以前的情况，现在松下电器什么状况我不得而知，但以上这些却是实实在在发生过的事情。我认为，在这一点上，松下幸之助非常值得敬佩。

打折路线和合理利润的局限

很难评判大荣集团的降价促销模式是否正确。在我还是公司职员时，认为大荣集团的"物价二分之一革命"击溃了其他竞争对手，自己还能存活实在是很厉害。但从长远来看，这样做结局恐怕是鱼死网破、同归于尽。如何运用好打折策略确实是个难题。

松下幸之助先生有一个"自来水哲学"，即源源不断地提供物美价廉的商品，使顾客受益，是企业获益的最大源泉，这就是"自来水哲学"的主要思想。从本质来看，"自来水哲学"就是企业将自己的商品普及给大众。

实战创业法

想要实现这一点，原则上就必须把商品的价格压到最低。在某次松下集团就价格问题召开董事会议时，二十多个董事中职位最低的一个董事却说："松下电器的产品一点都不便宜，反而很贵。"说这话的是一位叫作山下俊彦的董事会成员。排在末位的董事会成员居然敢在松下幸之助在场的情况下说这种话，松下幸之助当然勃然大怒。可是后来松下幸之助却越过其他25人，将这位"末席董事"提拔成了社长。

"口口声声说着自来水哲学，却卖着价格不菲的商品。"他说得没错，相对于其他品牌常常打折促销的商品来说，松下电器的产品确实不算便宜。但它的商品售价是在成本基础上加了合理利润确定的，这也是松下幸之助一直坚持的理念：保证产品质量和合理利润，稳定售价，不参与打折促销活动。

第三部分 何谓财务的思考

4 财务的感觉

敏锐洞悉投资和成本的区别

企业的核心经营者们关于资金、财产运转都会有独特的"经营者的感觉"。财务部门在很大程度上帮助经营者们验证着这份感觉的正误。

在企业经营的过程中,判断某种行为究竟属于"投资还是消费"具有极大的难度。如果仅从会计的角度来看,"投资"和"消费"或者"投资"和"成本"的区别是不存在的。区分某部分开支究竟属于投资还是成本,这才是考验经营者是否具有财务视角的关键。

人们常常会想当然地认为：在这里投入 1 亿日元，将来就会变成 2 亿甚至 3 亿。然而，真会这样吗？这部分资金会不会沦为膨胀的成本？"反正有闲置资金，不如拿来办个新公司"——这么做是一种明智的投资之举，还是徒增成本呢？想要看清楚里面的玄机，同样困难重重。

向当下公司的盈利项目投入资金，使其发展更上一层楼，想必这是人人都赞同的观点。但是，如果向目前处于亏损状态的项目投资，它有可能在某一天变成摇钱树吗？

从会计角度考虑的话，人们会倾向于把亏损部门舍弃掉。但是有些亏损项目是有良好发展前景的，只是这部分项目直到出成果之前都将一直持续亏损，也就是说前期投入很大，后期才能真正开始盈利。能否精准地判断出这一点，考验的既是经营者的天赋，又是其财务的直觉。

总而言之，哪里应该花钱，哪里不应该花钱，对于经营者来说是很难判断的。

企业超过一定规模，财务专员不可或缺

我记得有一家做蔬菜生意的企业，下设的分厂曾经遍地开花，一度成为各类报纸争相报道的对象。这本是一件让人欢欣雀跃的好事，但从财务的视角观察，我当时就隐隐感觉这个企业接下来的状况可能会有点不妙。如果没有一个称职的财务专业人员主持财务工作，公司将无法避免地走向倒闭。无论发展成果多么喜人，如果没有人严格把控从成本控制到投资规划这一系列财务流程，那么公司始终会暴露在风险之中。

当企业发展到一定规模，危机也就随之而来。社长力所不逮的地方就是危机暗藏之处，这时企业就需要一位"救世主"来力挽狂澜，否则经营将难以为继。

在企业规模尚未庞大时，银行确实在一段时间内可以充当"救世主"的角色。在企业想扩建工厂或扩充生产线时，银行的确能够慷慨相助。如果某次企业备好相关资料，社长亲自出马去银行进行贷款申请时，银行却一反常态地拒绝了，那就表

示作为旁观者，他们已经感知到"危险"了。很多企业都是这样，自己浑然不觉，感觉良好，而旁观者却已经嗅出"危险的味道"。一旦出现这种情况，即使企业没有自己的财务专员，即使银行没有详细列出对财务状况的评估意见，企业也必须严肃地思考一下究竟哪里出问题了。

人力难以左右投资的成败

在财务的工作中，决定如何进行投资绝非易事，因为投资的成功与否是人力无法掌握的。

以日本为例，小泉纯一郎当政时期，股价上涨，国民对经济形势普遍感到十分欣慰。然而时隔不久政权易手民主党，经济一落千丈，很多证券投资商一夜间赔得血本无归。在这种情况下，政府是不会向企业提供任何补偿的。一般来说，如果是因为工厂不合理倾倒废液或核泄漏从而引发渔业危机或者导致空气污染，政府会对国民做出一定的补偿。遗憾的是，如果是政府政策变化导致了股价下跌，使企业的利益受损，政府是不会提供任何赔偿的。现实就是这么残酷。

安倍再次上台后推出了一系列经济政策,民主党执政时一无是处的财政主张突然在安倍时期一跃而成耀眼的明星,可是企业却对"该不该搭上这辆车"犹豫不决。因为他们知道,一旦遭遇政策变换,企业又将前途未卜。

虽然日经[①]平均股价已攀升到15000日元,政府也在不遗余力地鼓吹股价会继续上涨,但仍无法消除投资者们心中的疑虑,毕竟谁也不能保证股市长红,万一再次跌破7000日元大关,企业又将遭到一次血洗。

准确预测并判断投资的收益或亏损是一件很困难的事,毕竟投资的结果受多方面因素影响,包括政权的更迭、政策的变化和国外市场变动等人力不可控因素。

---

① 日经:即日本经济新闻社道·琼斯股票平均价格指数,是由日本经济新闻社编制公布的反映日本东京证券交易所股票价格变动的股票价格平均指数。

■ 实战创业法

以财务的思维方式分析战争时期的贸易与风险

在美国陷入经济大萧条①的第二年，日本的昭和五年大萧条②（又称昭和金融危机）也不期而至。为了摆脱这场大萧条，日本不惜出兵侵略中国东北，大肆掠夺铁矿石、煤炭等各种资源。其实战争的背后通常隐藏着经济方面的原因。

战争通常都会引发通货膨胀，破坏正常的经济秩序。但由于打法不同，战时经济也不总是以通胀而告终。通常的情况是大国在其他国家挑起战争，当该国的战时消费暴涨时积极对其

---

① 经济大萧条：经济大萧条发生于 1929 年—1933 年，是资本主义经济史上最持久、最深刻、最严重的周期性世界经济危机。它首先爆发于美国。1929 年 10 月 24 日纽约股票市场价格在一天之内下跌 12.8%，大危机由此开始。紧接着就是银行倒闭、生产下降、工厂破产、工人失业。大危机从美国迅速蔓延到整个欧洲和除苏联以外的全世界。

② 昭和五年大萧条：昭和五年，即 1930 年。1930 年 1 月，日本实行黄金解禁，随后日元汇率上涨，通货紧缩，加上此时正为西方世界的经济大萧条时期，日本自此也进入经济危机时期。由于此时为昭和初期，所以史称昭和金融危机。

第三部分 何谓财务的思考

出口，大赚一笔。即使该国的财政无力支付巨额费用，但只要国际金融机构提供援助，那么出口方同样能在出口贸易中获利。

但是，与交战国家进行贸易的风险也不可小觑。战时贸易同样有赚有赔，如何赚，为什么赔，看透这些需要一双异于常人的火眼金睛。

我还在商社工作时期，阿富汗境内激战正酣，伊朗和伊拉克也打得如火如荼，形势相当严峻。当时所有与出口业务相关的文件都经手我所在的外汇部门，所以我对整个出口流程了如指掌。当时我们的出口贸易主要就是向战火纷飞的两伊出售货物。

我们最初出口的是民用拖拉机，但后来这些商品却在战场上摇身一变，成了军用器械。对此，我们其实也心知肚明。交战双方都是我们的客户，他们都把拖拉机这种民用机械用作军事装备，持长枪短炮的武装人员就是驾乘着这些拖拉机拼个你死我活的。这些设备在战场上的报废率特别高，所以两方对拖

177

拉机的需求居高不下。这样一来，出口额就很可观了。虽然这让人在良知上感到不安，但公司还是会为了效益而满足双方的需求。

这里始终存在一个抽身时机的问题。一旦察觉到"这笔交易的贷款给付恐怕很难保障"时，就必须立即考虑终止合作。及时离场才能够全身而退，动作迟缓则将承担钱货两空的风险。

然而，抽身前也是大赚一笔的好时机。当其他竞争对手开始争相离场时，物资紧缺的情况就会发生，此时的利润就会相当可观。

如何把握离场时机，以及是否要在离场前赌一把，这种判断到今天依旧很难。

1950年到1953年，朝鲜战争期间日本接到了大量的美军"特需订单"。此外，外国官员在日本的购物量以及由外国有关机构支付款项的"间接特需"也十分庞大。这段"特需"时期让第二次世界大战后衰败凋零的日本经济起死回生。然而，那些在朝鲜当地投资的日本工厂和企业都在战争中蒙受了巨大的损失，而且与朝鲜半岛有外贸交易的日本企业经常靠赊账维持销售，贷款无法收回的情况也时有发生。

另外，日本向不少发展中国家提供过ODA[①]，以无息贷款的方式为他国提供援助。但是结果表明，这种行为几乎相当于白给对方送钱。因为很多国家根本无力还款，很多贷款最终都沦为死账。

所以，无论从国家角度还是企业角度，也无论规模大小，财务的思考都是必不可少的。

[①] ODA：全称为Official Development Assistance，政府开发援助。它是指工业发达国家的政府或官方机构为促进发展中国家的经济发展水平和福利待遇的提高，向发展中国家提供援助或出资的行动。

5 无借款经营

无借款经营不易实现

我一直大力提倡无贷款经营，事实上，这一点在我们集团的绝大多数部门都已经实现了。现在尚存的债务是以前长期贷款的残留部分。基本上来说，我们是白手起家，艰苦奋斗，一步步发展到今天的。

我们集团已经各建了两所初中和高中，现在正雄心勃勃地筹建自己的大学。做这一切我们都没有向银行贷款一分钱，想必银行在了解到我们的发展前景后会非常想贷款给我们。他们对那些恳求他们发放贷款的企业并不感冒,真正能引起他们兴趣的,恰恰是那些资金上不需要外援的机构。贷款资金到位后,他们还会鼓动企业继续贷款和扩张。而这时候,危险的萌芽就开始悄悄破土,这是需要警惕的时刻。

松下幸之助也曾表示,能够实现无贷款经营的企业非常罕见,百中无一。既然七成企业都处于亏损运营状态,那么一百家里也找不出一家无负债经营的企业是很正常的。

持有自有资产的企业才能赢得银行信任

无贷款经营过程中的危机感存在于自有资金相对匮乏的时期,那时企业对大型投资项目无能为力,在人才录用和广告投放上也束手束脚,因此企业在最初发展阶段总是慢人半拍。

如果从银行贷款作为启动资金来进行创业,那么企业将很快成型,发展势头也将非常迅猛,宛如"龟兔赛跑"中的兔子一样。相反,选择积累一定资金之后再谋求发展的企业则像那只乌龟一样——看起来慢吞吞的,不知道什么时候才能到达终点。

按照以往传统，企业从银行贷款的期限一般控制在三年以内。企业利用这些资金雇用员工，租借办公场地，采购办公器械。如果企业能在三年之内实现盈利，就可以还清银行贷款，并致力于下一步的发展了。

举例来说，如果企业打算从银行贷款 3000 万日元，银行肯定会在发放这笔资金前向企业做一番详细的询问，也会问及现有资金的来源。假设被问到企业手头现有的 500 万日元，有的人可能会说："我做过生意，积累了一些存款，但还缺 2500 万，所以想从贵行贷款。"还有的人可能说："啊，这笔资金是跟亲戚们借的。"那么哪一种回答更容易获批贷款呢？毫无疑问，银行更倾向于给前者发放贷款。

在同样的情况下，要实现无贷款经营，手头就要有 3000 万日元的存款。创业者即使不能做到完全无贷款经营，至少也应该自觉地积攒一点启动资金。这种会理财、对未来有明确目标的人才是容易赢得银行信赖的人。从不无谓地浪费金钱，有资金积累意识，有能力持有属于自己的资金——这种类型的创业者值得信赖，银行也非常乐意向他们发放贷款。

银行对丝毫不努力工作、启动资金还是从别处借来或者通过其他方式融资而来的创业者态度则大不一样。银行普遍会对这类人持怀疑态度，怀疑他实现企业盈利、按时还贷的能力。事实上，这类人创业失败的风险确实相对较高。

所以，即使无力实现完全意义上的无贷款经营，但至少需要有尽最大努力积累自有资本的意识。

用来摆脱萧条的凯恩斯经济学

也许现阶段对一家创业公司来说，实现完全无贷款经营有些困难。如果银行贷款利率相对较低，创业的环境宽松，那么很多创业者会选择向银行贷款而实现顺利创业。遗憾的是，企业未必都能顺利实现盈利并存活下去，能发展壮大的更是为数不多。如果在一段时期内企业创造的利润低于银行贷款利息，那就意味着企业根本无力还贷。

实战创业法

过去，这种银行贷款低利率时代可以说是名副其实的梦想时代。想创业或者扩大企业规模的人轻松就可以获得贷款，在商界大展拳脚。

低利率对企业来讲是一个好消息。但如果在这种条件下都没有企业肯申请贷款的话，则反而说明目前经济形势非常严峻。

这里不得不提一下凯恩斯经济学[①]，大学一般也都有教过。时至今日，它的运用依然非常普遍。很多政府机构规划、管理国民经济时依靠的也都是这一套经济理论。

那么，什么是凯恩斯经济学呢？简单来说，凯恩斯经济学的研究对象不是所有经济现象，我认为这套经济理论最适用于告诉大家如何从萧条中恢复经济的活力。当第一次世界大战后的大萧条汹涌而来时，企业如何从哀鸿遍野中绝处逢生呢？凯恩斯经济学的精髓在此时就显现出来了。当时他所考虑的，就

---

① 凯恩斯经济学：英国经济学家凯恩斯所发表的经济学理论，其主要观点认为政府应该积极介入经济运行，以尽快摆脱经济萧条或失业率高的状态。

是动用政府手段来摆脱萧条。如今很多政府依然奉这套理论为至宝。

一般来说,如果手头持有一定闲置资金,但觉得就算拿去投资也未必有收益,人们就会抑制住投资冲动,转而把钱存入银行以获得稳定的利息。

投资萎缩、存款增加即意味着人们不再随意采购,也就是消费需求的回落。这种现象直接导致商品滞销,进一步引发失业人数的增加,最终导致经济陷入萧条。

为了摆脱这种现状,政府唯一能做的就是动用财政政策干预市场。也就是说,以发行国债或基金的形式筹集资金,发挥财政的力量救助失业人群,向他们提供就业机会,促使经济步入良性循环。

等经济运行步入正轨、投资环境转好后,企业就会获得很大的发展空间,再高价的产品也具备了升值的潜力。无论是购入的土地还是其他任何东西,都有升值的可能。能够准确预测并利用这种经济走势的经营者,一定可以获得丰厚的收益,人们也就有了消费的热情。

凯恩斯经济学中的陷阱

在摆脱萧条的挣扎中,民众强烈的存款意识是一个非常不利的因素,所以国家必须采取多种政策来促进消费,以此达到促进货币流通的目的。

事实上,凯恩斯经济学最大的矛盾之处正在于此。

为了在最短的时间内扭转持续数年的大萧条或严重失业的局势,政府必须增加投资,即使冒着出现财政赤字的风险,也要尽快让失业者找到工作,把经济送入正常运行的轨道。这种政策奏效很快,实际效果明显。所以,放眼望去,整个社会在某一时期都染上了一层"凯恩斯经济学色彩"。

但是,凯恩斯在著作中早已暴露了问题所在。人们不乐意把钱存入银行,却对投资趋之若鹜,原因在于大家对投资带来的丰厚利润充满期待。在"将来利率会出现飙升""看到了通货膨胀的身影"或者"商品价格将会上涨,价值更高"的预期下，人们通常会对投资比较钟情。

然而，为了扭转萧条的局面，国家又必须下调存款利率。不这么做，扭转形势就几乎无望，所以国家又必须坚持低利率的存款政策。

在长期的低利率基准政策之下，虽然企业贷款难度相对降低，但投资活动又无人问津了，因为"投了也是白投"。所以大家都对投资敬而远之。另外，如果经济萧条进一步加剧，国民生活将雪上加霜，所以大家都转而把资金存入银行。

面对国民以存款形式构筑起来的资金防御体系，政府决定从税收上下手。消费税、财产税、购买高端产品时必须支付的奢侈品税以及财产继承过程中需要上缴的继承税都是政府筹集资金的手段。通过各种名目的税费，政府强行收走了民众准备存入银行的资金，然后将汇集起来的资金大笔一挥地用了出去，美其名曰"代替国民使用这笔钱"。一个"强大"的政府就这样被塑造起来。

凯恩斯也十分清楚，这只是应对经济萧条的缓兵之计。然而，很少有政府能对这种计策及时叫停。这样持续下去，一旦经济再次陷入萧条，而政府又已经把经济繁荣时征收的税金全部用光，这时想要给市场注入一针强心剂，政府就不得不大举借债消费。无论哪种情况，借债总是无法避免的。这就是凯恩斯经济学中的"陷阱"，也是财政的"陷阱"，这个陷阱，注定埋伏在那里。

20世纪80年代，中曾根内阁执政时期，日本政府曾极力推行财政重建，该重建计划被称作"土光临调"[1]。当时政府发行的国债金额为数百万亿日元，在那个年代堪称天文数

---

[1] 土光临调：继1962年第一次行政改革之后，日本从1981年开始进行了第二次行政改革，以期实现行政的简单化和效率化。第二次行政改革期间，时任首相的铃木善幸成立了第二次临时行政调查会，由日本著名经营管理学家、财界大佬土光敏夫担任会长，所以该临时行政调查会也被称为"土光临调"。调查会从1981年到1983年先后提出行政组织简化、政策革新及制定国民负担率目标等建议。此阶段正巧遇到日本经济增长趋缓以及财政赤字危机等问题，因此在行政革新外，调查会也同时提出了配套的财政革新措施，如削减年度预算、实现三公社（日本国有铁道、日本电信电话公社和专卖公社）的民营化等。

字。当时政府试图通过"土光临调"提出的削减年度预算、引进新的税种等建议来减轻债务负担，结果却适得其反，以至于如今背负了相当于当时十倍量的巨额债务。叫停这种借债消费之难可见一斑。

凯恩斯经济学所谓的"以投资来摆脱萧条"理论其实更像一种"毒品"，一旦沾染就会深陷其中无法自拔。政府的金钱恩惠无处不在，对政客来说，既拉拢了选票，又提高了人气；对国民来说，工作也有了，薪水也涨了，这种皆大欢喜的局面谁舍得放弃呢？但是，这种政策却让国家背负了沉重的财政赤字。如何找一个两全其美的解决方案的确是个棘手的问题。

实战创业法

哈耶克①式的小型政府与资本主义精神

在凯恩斯经济风靡天下的时代,哈耶克一直被凯恩斯强压一头。但是,这位后起之秀开始崭露头角,勇敢地抛出了"如此的官僚统制型经济必败无疑"的观点。他认为,这种政府主导的经济政策违背了资本主义"自主创新、自行创收,推动社会进步"的基本原则,最终将极大地削弱经济体的活力。

政府主导公共投资,失业者从政府处获得就业机会,以此维持生计——这是一种变相的补助政策,与领取养老金一般无二。我们可以以哈耶克的口吻说这样一句话:"小规模的政府只制定一些基本的法律,其他事情任由国民自由发挥。优胜劣汰,剩者为王。"国民也应像二宫尊德②先生所提倡的那样

---

① 哈耶克:奥地利裔英国经济学家,新自由主义的代表人物。主要观点为经济自由是自由的基础。实现经济自由的途径是实行市场经济,让市场机制充分发挥调节作用,让经济体在市场上进行自由竞争。
② 二宫尊德:日本江户后期农学家、思想家。名金次郎,相模国人,出身于农家,一生致力于村藩的改革和复兴,以农村实践著称。

"自食其力，自我积累，勤俭有德，谨慎发展"，在市场经济中找到自我生存之道。

时至今日，"凯恩斯经济"仍然没有完全退出历史舞台，在快速摆脱短期的经济萧条上，仍不失为一服良药。特别是在日本这种短期内常常发生政权更迭的国家，如果经济不能在短期之内获得改善，那么政党的支持率也难有起色，这也是"凯恩斯经济"不会完全销声匿迹的原因。

■ 实战创业法

6 财务的工作——防破产于未然

高层领导对高消费趋之若鹜,即是公司破产之时

我说过,如果公司高层领导一言定天下,那么这个公司就离倒闭不远了。另一种情况,如果一个公司领导安于享乐、挥金如土、虚荣心膨胀,那么他的公司也大都逃脱不了倒闭的命运。

从特征上来看,如果在一个公司里公私不分的色彩愈来愈浓,那么这个公司的经营也会每况愈下。一些企业创始人在白手起家、把事业一路做大后,免不了开始心浮气躁、虚荣心膨胀，去追求一些面子上好看的东西。相应地，他的公司也开始向高消费看齐，日常支出大手大脚。

如果公司面临赤字危机或者已然发生了财务赤字，而且申请贷款无望的话，这种无端的浪费行为就必须被叫停——虽然实际执行起来的难度会很大。所谓"由俭入奢易，由奢入俭难"，习惯养成后就很难改掉了。例如，招待客户打高尔夫球费用不菲，公司要削减这项支出时可能会想"大家都习以为常了，一旦叫停，客户恐怕不会再跟我们有什么生意往来了"，在这种心理的驱使下，无论别人如何奉劝，公司也很难真正削减高尔夫球招待的经费。

即使是对奢侈现象大肆批判的媒体行业，花起别人的钱来同样毫不心疼。朝日新闻的员工在采访结束时，都是被主办方用豪华专车送回报社的。如果你胆敢叫辆出租车送他们回去，他们说不定会怀恨在心，在报道里把你批得体无完肤。鉴于这种风险的存在，被采访者大都会准备豪华专车送记者们离开。其他报社的记者对车都没什么要求，唯独朝日新闻的记者，坐不到豪华专车，就在报纸上恶意中伤。无论哪个企业被媒体报道"以后发展会很不妙"，它们日后工作的开展都相对较难。

现在这种风气是不是还是这样，我不知道。据说，日本政治家在高级料理亭与媒体会谈时会为媒体准备高规格的接待，不然的话，媒体会把受访者写得一塌糊涂。所以，只要接待得好，媒体对政客的攻击也会缓和一些。

要降低债务额度，削减交际费、闲置资产等

对于企业来说，媒体尚且要这样小心对待，客户更是不能怠慢。一旦招待规格降低，客户心里不满意，生意自然也做不成了。所以业务员不得已要带他们去一些招待场所时，只能小心翼翼地告诉客户："眼下我们公司正进入严格的均衡经营期，管理部门的接待费用都被砍光了，我只能自掏腰包招待各位了……"如此才能循序渐进地把招待成本降下来。

如上所说，在公司景气的时候，可以适当分配给人事、总务、财务、会计和秘书这些管理部门一定的交际费用，但是一旦公司财政状况出现问题，这些支出也是首当其冲要被砍掉的。

营业部门课长级的交际费用一般维持在 50 万日元左右。他们的薪水差不多也是 50 万日元。也就是说，除薪水之外，他们还用着 50 万日元的公司经费。

削减经费的任务由企业财务部门执行，哪怕营业部门抗议、争执，一直叫嚷"削减我们经费的话，就拿不到订单了"，他们也必须把经费一点一点、有条不紊地削减下去。

下一个被处理的将是公司持有的闲置资产。财阀企业在拥有了一定的资金积累后，大都喜欢四处修建迎宾馆之类的产业。企业下一个应削减的正是这类资产。

我们集团设在北海道的正心馆曾是北海道拓殖银行职员们的研修场所。此外，我们在冲绳的正心馆原来也是日本银行的员工疗养院，它在挂牌出售时被我们购得。我不知道是连日银都沦落到了必须处理闲置资产的地步，还是它只是做个样子给政府看，以凸显自己勇于改革的形象。也许，正是由于它的经济界领军人的身份，日本银行必须为其他银行和企业做出表率。

除闲置资产外，企业或许还有其他可有可无的财产，比如社长的观光游艇等。在必要的时候，也必须请社长忍痛割爱。

财务部门和会计部门联合起来，首先削减公司内部支出，以挤出经费。把那些不属于当务之急的东西削减掉，节省开支的成果便会显而易见。无论是1000日元还是1万日元，能削减的必须毫不留情地削减掉。否则，企业倒闭将是无法避免的结局。

倒闭的企业大都身负债务。无债一身轻的企业，想要倒闭都是很难的，所以企业必须尽最大努力降低债务额度。这对财务人员来讲同样是非常严峻的考验。

企业提前还款时，要与银行进行交涉

说起从银行贷款，大型企业的贷款可能来自数十家银行。这样一来，不只借钱是件让人头疼的事，还款同样相当麻烦。

第三部分 何谓财务的思考

因为企业想说"这笔钱我们不需要了,还给你们"的时候,银行却很可能不允许他们随意还钱。

大家可能会觉得奇怪:还了钱银行不是应该更高兴吗?但事实并非如此。银行也有自己的苦衷,他们必须支付储户一定的存款利息。如果从企业获得的利息收入还抵不上付给储户的利息支出,堂堂银行也会倒闭。所以,银行宁愿这笔钱继续由企业借着。

假如企业坚持说:"不行。我们不想再继续支付这笔钱的利息了,必须把钱还给你。"银行就会威胁:"你现在坚持还钱的话,下次你要建工厂的时候,我们就不会给你发放贷款了。这样你也无所谓吗?我们银行必须支付存款利息,现在又这么不景气,必须有贵企业这样的贷款大客户才行。"你看,根本不需要的钱也必须借着,无法提前归还。

企业跟银行间的这种交涉考验的是财务人员的工作能力。他们可以就如何改善与银行之间的借款条件反复与银行周旋,比如可以提出降低贷款利率、减少贷款额度等条件。

什么是贷款保证金

还有些贷款发放的条件，是需要贷款保证金。举例来说，虽然银行批准的贷款额度是10亿日元，但多半不会允许企业对全部贷款都享有自由支配权。例如，银行一般会在给企业批准10亿日元的贷款时附上条件："你们需要把其中的3亿日元作为存款一直存放在账户里。"如果银行比较强势的话，甚至会要求企业贷款的10亿日元自获批之日起半年之后才可以使用。

我在商社财务部门工作时，银行一般会在发放贷款后告诉企业将其中的一部分"作为定期存款存放在账户里"。比如说，我们商社贷款了10亿日元，其中的3亿日元要作为定期存款存放在商社的账户里。这样一来，商社能够自由支配的金额只是剩余的那7亿元。虽然存款部分也有利息产生，但与贷款利息相比简直是杯水车薪。

假如贷款的表面利率为4%，虽然表面看来，企业是"以

4%的利率借了10亿日元",但实际到手的只有7亿日元。然而,企业需要支付的利息却是10亿日元的4%。也就是说,企业实际支付的利率为(4%×10)/7=5.71%。另一方面,定期存款也产生了一点利息,贷款的利息减去这部分利息后,剩余的就是必须支付的利息,必须支付的利息除以实际到手的额度后得出的数据才是我们要支付的"实际利率",也称"实效利率"。搞技术或做销售出身的社长多半不知道实际的利率究竟是多少,而银行也只给他们提供表面利率这一数据,所以大家必须搞清楚里面的机关。

在查明实际可支配的额度之前,我们无法准确计算出实际利率。例如,银行贷款利率为4%,销售中获利为5%时,乍一看会觉得:"赚了1%,盈利了,这么做可行。"但表面利率4%的贷款总额中有一部分是不得动用的,所以,贷款的实效利率可能高达6%。在这种情况下,如果销售利润低于6%的话,这笔买卖就是亏损的。虽然结果看起来像是"盈利",但实际上是赔本买卖。这个地方相当于一个误区,很多经营者都容易走入这个经营误区,大家必须注意。

平衡长期贷款和短期贷款的比例

企业与银行签订贷款合同时,很多银行会宣称:"贷款利率将不会下调了。"

这种"银行承诺利率不做下调"只存在于理论上。虽然银行说得振振有词:"这笔贷款是根据银行的业绩情况批下来的,利率不可能做下调。"但一旦市场利率出现实际降低,企业却仍要按规定的高利率偿还本息,这就太吃亏了。明明有很多途径的贷款利率非常低,甚至趋于零,企业却依然要在接下来的五年、七年甚至十年中不停地向银行支付高额的贷款利息。所以,企业必须出面同银行进行交涉。财务部门要与银行交涉,调整长期贷款和短期贷款的比例。

不太了解的人或许会产生这样的误解:期限长、额度大的贷款对企业来说比较保险。但事实上,长期贷款的利率普遍较高,有的短期贷款虽然需要在一年之内归还,但利率却相对较低。

所以，企业财务部门需要优化长期贷款和短期贷款的比例结构，将贷款利息明确保持在一定范围内。之后将其与自己企业的销售情况相对照，根据企业的销售利润计算这笔贷款带来的价值。调整控制长期和短期的贷款利息是财务部门必须负责的一项内容。

"大换血"时需要重置直接部门和间接部门的比例

如果遇上企业"大换血"，那将有其他一些工作等着财务和会计两个部门共同处理。首先就是更改直、间接部门比例，即必须减少企业内部间接部门的数量，进而提高直接部门所占的比例。

所谓直接部门，是指负责实际销售和生产的部门。间接部门则是指财务、会计、人事、总务和秘书这些部门。大家可以将其理解为始终"窝"在总部的那些部门。

在企业经营保持稳定的情况下，这两类部门的比例基本维持在 3∶7 左右，即间接部门占三成，直接部门占七成。如企业刚进行了部门重组，则占三成的间接部门将逐渐被压缩至二成甚至一成，压缩掉的员工将被分配到营业部门。

以前大家经常说的"总部机构膨胀是企业倒闭的前兆"就是这个意思。利库路特集团的倒闭同样是从在银座兴建本部开始的，虽然倒闭还有其他原因，但总部机构的膨胀就意味着间接员工人数的增加。与生产销售无关的人员一旦增多，公司倒闭的风险也就大大增加了。

在这种情况下，企业首先要做的就是把员工派往一线，让他们投身生产销售，创造收益。

第三部分　何谓财务的思考

7　财务思考的严峻性

做财务判断需要"鬼手佛心"

无论在企业的激进发展阶段还是保守发展阶段，经营策略都与财务工作紧密相连。

以棒球为例，财务部门和会计部门发生失误时，就如同棒球赛中的外场失误一样，对方必定得分，己方败局已定。所以说，财务部门一定要谨言慎行，及时规避风险。特别是在获胜阶段，财务部门必须积极部署战略性进攻。哪怕手头上的资金是银行贷款，也必须谨慎考虑这些资金应该用在哪些关键地方，需要为哪些部门在资金分配上做出一定的倾斜。

亏损部门必须加以整顿,将该部门员工连同资金一起转入盈利部门。这是财务人员必须做出的决断,也是财务部门必须执行的任务。即使内心如菩萨般慈悲,但为了公司能生存下去,使出的手段却不得不如魔鬼般冷酷无情。这份"鬼手佛心"倒是与手术中的外科医生有几分相似。

对上层领导要勇于直谏

某些时候,财务人员必须勇敢地发表自己的意见。

我们集团第一位财务部长曾在关西一家地方银行担任过分行长。在我们刚迁入纪尾井町大厦后不久的一天,这位财务部长突然到总裁室来找我,向我出示了一本书的购书发票,对我说:"总裁,这张发票抬头写的是'个人','个人'抬头的发票不能报销!您去重新开张集团抬头的发票来,否则我不能把这笔钱归入公司经费报销给您。"原来,他是为了这事而来。我当时虽然觉得"嗯,他可真敢说",但我也知道,理论上来讲，他说得没错。如果他对稍大一点的组织的财务运作有所了解的话，应该明白这种情况是可以凭借我对他的信任照常处理的，而且税务部门对这些细微的地方也不会深究。但是这位前银行分行长工作非常认真细致。他继续说："你既然开了张以'个人'抬头的发票，这就是您的失误了，所以原谅我不能给您报销。"既然这样，这几千日元我只能自掏腰包了。这件不起眼的小事我记得非常清楚，因为这是个涉及基本原则的问题——经费必须按照公司的规矩进行管理运用。

必要的时候，财务人员必须对上层领导直言不讳地说出自己的意见。

身为企业人，赤字即是罪恶

资金如何分配还要与企业整体经营相平衡。有些资金看似花得很无谓，但从长远来看，可能是在为各种研究开发或扩展业务领域铺路。一笔经费是浪费还是投资，判断这个问题的过程就是一个难度极大的经营裁决。这些经费在公司"赤字"

时，就很难获得认可，在公司"盈利"时，就容易得到认同。

比如，我们集团的经营内容还涉及电影制作。就总裁看电影的费用可否算作经费这个问题，我们是这样规定的：当我们集团制作影片的项目处于盈利阶段时，这部分花费或许可以报销；但如果这部影片根本无法获利，我们集团就将看电影视为私人娱乐活动，需要个人承担费用，如果已经提前报销的话，那部分钱也会被会计部门索回。

这还真是严酷。一笔钱会因为项目亏损还是盈利而被划入不同的领域，或有幸归于经费，或不幸自掏腰包填补。现实中，裁决的范围就这么丁是丁、卯是卯，谁都没有办法。

赤字即是罪恶。罪恶不仅限于犯罪行为，身为一个企业人，赤字亏损即等同于犯罪。既然亏损了，后果就要大家一起承担，谁都无话可说。

财务工作的核心是量入为出

以上即是我就财务思考的一个大致论述。

第三部分 何谓财务的思考

关于财务整体运作我讲了很多，财务工作的核心可以概括为量入为出，也就是尽量促进资金流入，尽量控制资金流出。至于国家经营，其关键之处与此大同小异。

从小公司做起，员工人数从 5 人、10 人、20 人到 50 人的创业者，你们在今后会遇到我刚才介绍的各种情况。所以你们必须事先对这些财务知识有一定的了解，在将公司做大的同时，合理规避潜在的财务风险。

8 谨慎投资,稳步运营

比起筹集资金,使用资金的难度更大

纵观时下日本,我们似乎还未感觉到安倍经济学究竟带来了什么效果。如辜朝明(Richard C. Koo)先生曾经指出的,现在社会经济处于资产负债表失衡[①]、企业的资产负债表损毁的

[①] 资产负债表失衡:随着资产值的暴跌,资产负债增加的企业为改善财务状况会将获得的利润冲抵借款,因此即使日银大力推行宽松的金融政策,企业也不会选择贷款进行设备投资,最后导致经济萎缩,陷入萧条。

状况，企业根本不适合做任何投资。

身陷这种境况的企业当然要进行合理整顿，大力削减经费。然而考虑到将来的发展，积极的投资是必不可少的。如何才能看出一项投资是否有价值，它是否是一项积极的投资，它能否获得大家的认同，这些都是决策制定者应深思的问题。

下面我们来探讨一下，一个经营者如何能准确地把握"收入""利润"和"投资"之间的平衡。

时下处于资本主义的危机时代

20世纪90年代，全球刮起一股"全球标准化"风，财务基本平衡问题突然备受关注。"银行的自有资金比例不得低于百分之几"的规定在一夜间席卷全球。而这也恰恰是当时经济萧条加剧的原因之一。

如果银行打算提高自有资金的比例，那它就会逐渐削减对外贷款，同时想方设法消除不良债权。一旦银行忙于保全自我，一门心思改善财务状况，那么那些创新型企业以及还有很长一段艰苦道路要走的新生企业就会因资金不足失去继续发展的可能。

这些现象当中隐藏着一个非常危险的陷阱。遗憾的是政府却未能及时规避。

如今欧盟的情况如出一辙。以德国为首的欧盟各国在向濒临破产的国家发放贷款时，提出的前提条件就是对方必须削减国家赤字。这个要求实施起来非常困难。虽然说削减赤字就能获得融资，但实际上，这些国家一旦开始着手削减赤字，就会导致失业率大幅上升，社会不安定因素增多。

当下我们正身陷资本主义危机的泥潭。资本如果不涌入盈利行业，所谓的发展也只不过是一纸空文。

区分是否存在泡沫成分非常重要

观察从明治、昭和、大正到平成的日本历史，我们会发现，很多商品的标价已经扩大了不知多少倍。虽然略有泡沫，但是历史基本上就是一部扩张史，成千上万甚至更大的、几何级数倍的膨胀都是有可能的。

当年日俄战争的军费是几亿日元，拿到现在来讲，只要彩票中个头彩，就足以负担一场"日俄战争"了。如今，两国开战的军费可能高达几百亿日元。过去跟现在的费用，完全不在一个数量级上。

社会在扩张中前行，大家一定不能忽略这一点。在分析某些事物时，要仔细辨明这究竟有多少泡沫的成分。这一点非常重要。

如今，在风靡日本的安倍经济学指导之下，日本的民间投资是否实现了预期的增长，现在还很难评判。事实是这样的：由于经济的基本面[1]仍然严峻，所以原则上是由国家出面促进投资，并承担可能带来的风险。就如刚才所说的，国家征收税金，统一对其进行投资管理。国家在破产之后何去何从，这个

---

[1] 基本面：指对宏观经济、行业和公司基本情况的分析，包括公司经营理念策略、公司报表等的分析。它包括宏观经济运行态势和上市公司基本情况。

实战创业法

我们无从知晓。但是只要没有破产，即使出现赤字也无所谓，所以投资大业就由国家来操刀好了。

但是，有些国家的投资风险也不可谓不小。泰国军政一直有抬头的迹象，缅甸、老挝和印尼这几个国家也都危机四伏，还有些国家战争不断炮火连天，反对派武装势力神出鬼没，局势让政府焦头烂额。这些不稳定因素会极大地影响民间投资的运作，所以，只有那些政府主导型的经济投资才有机会获得巨大的获利空间。

但有时候，政府的投资号召根本无人问津。无论政府如何奔走呼号"如今经济复苏趋势明显"，如何舍得大手笔打造"开花爷爷①"的光辉形象，民间投资者也不会上当。日本前首相小泉革新之后日本经济一落千丈的惨痛教训仍然让人们心有余悸——搞不好哪一天又要一贫如洗了，所以把自己的钱包看紧为好。

---

① 开花爷爷：日本民间故事。善良的老公公将爱犬的骨灰撒在枯树上，结果枯树开出了美丽的花朵。

金融危机暴露出资本主义发展的局限

虽然总体来说，社会整体向前发展扩张是资本主义的潮流，但是这种扩张也是有一定限度的。2008年金融危机事件中，经营者动了很大脑筋，使用了金融杠杆[①]之上叠加举债的手段，想出许多隐蔽不良债权的方法。他们首先把债务四处分散，之后再纷繁复杂地拼凑到一起，巧妙地隐藏了不良债权的真正出处。由于对方摸不清这些债权究竟源自哪里，也就难以发现，最终竟稀里糊涂地把买卖做成了。

正常情况下，任何人都不会主动去触碰不良债权，然而还是有人能把它与其他各种金融产品进行组合，乔装打扮到任何人都辨认不出，再拿到资本市场上去售卖。这些人的头脑实在

---

① 金融杠杆：金融杠杆简单地说来就是一个乘号。使用这个工具，可以放大投资的结果，无论最终的结果是收益还是损失，都会以一个固定的比例增加。杠杆原理在金融中一般用于期货、期权交易。就是说只需要交一定比例的保证金，就可以做交易了，这是一种以小搏大的保证金交易制度。保证金比例越低，杠杆效应就越大，高收益和高风险的特点就越明显。

太过聪明，居然通过这些手段让自己的信用等级连番提高。但是，欺骗手段终究是行不通的，真相早晚都会败露。这些骗术高超的公司也最终落了个破产倒闭的下场。

聪明人只要耍耍花招，就能把大家骗得团团转吗？答案自然是否定的。如刚才所说的，他们把不良债权"隐匿"时，想必还抱着这种侥幸的心理：我隐匿的这段时间里经济形势转好了就可以收回来。可是，一旦形势迟迟不见好转，等待他们的就只有失败这一条路了。确实，经济形势有一个循环期，借助这个循环期成功逃离的例子也不是没有，遗憾的是，相反的情况发生得更多。

在山一证券倒闭当天的上午，其员工仍在用自己辛辛苦苦积攒的存款大举购入公司股票。如此戏剧化的一幕让人不禁唏嘘。社长在之后的记者见面会上也是声泪俱下。山一证券内部预先知道公司即将倒闭的只有区区四五个高层领导，其他人完全被蒙在鼓里。上午还满腔热忱地购买公司股票、以实际行动竭力支持公司的员工们完全没料到，他们的公司下午就倒闭了。这可真是一道晴天霹雳。

投资不可偏离正道

宏观的时代大潮往往让人看不清究竟。很多人认为当大好时机来临时，只要乘上这股东风，顺势前行应该就出不了大错。但是我却认为，经营者必须时时警惕，一旦这股经济势头停止甚至风向逆转，自己必须有能力确保自己的经营不受影响。

在一片顺风顺水的大好形势下，假如只坐观别人赚得盆满钵满，有些经营者难免心有不甘，有些人终会按捺不住，在投资市场一试身手，试图让财富翻个几番。

此时我们必须遵循一个基本原则：资产三分法。

例如，现在手头有100亿日元。那么应该将其平均分成三份，第一份作为储备资金，以备不时之需。第二份用作流动资金，用在公司必备物品的购置方面。真正意义上可用来投资"赚一把"的资金只能控制在资金总额的1/3之内，即第三份

实战创业法

资金总额之内。这个方法能在最大限度内减少投资失败对公司的消极影响,防止公司陷入倒闭绝境。

我也曾讲过这个例子:隔壁的人买了座公寓,一年之后净赚一亿日元。听了这种消息,估计谁都按捺不住去投资房地产的冲动。然而,这种做法却使企业在一定意义上远离了本职工作。

我们集团通常把自己的办公大楼建成美丽的希腊式风格,建好后也会带动周边地价的上涨。但如果我们借此获利,那将偏离我们的初衷。尽量把大厦建得漂亮些,等升值以后抛售获利——这是不折不扣的不动产投资,严重偏离了我们集团的基本工作,绝不可取。所以,对于自己的投资行为,应该严格把关,先审查一下这样做是否偏离了本业。

从公益的角度论事业的是与非

有一次,我们集团的财务部突然提议:我们手头大约有

50亿日元左右的闲置资金。现在柏青哥①游戏正是个赚钱的好门道，不如就用这笔钱在全国每个分部所在地开办柏青哥房，让分部的员工去那里玩怎么样？"与其让其他企业经营这个游戏赚钱，还不如我们自己来呢。"这个建议当然没有被采纳，因为我认为如果真开起游戏房来的话，肯定会对集团的运营起到消极作用。民众也一定觉得莫名其妙，媒体更不会放过对我们口诛笔伐的机会。

如果闲置资金的最终归宿不是柏青哥房，而是用来救助社会困难群体的NPO②事业，那这种做法就很值得尊敬了。

日本政府如今不遗余力地将征收来的巨额税金用于公共投资，试图拉动经济增长。在政府公共投资领域，我们还能隐隐瞥见博彩业的身影。博彩业一旦兴起，又是一大税收来源，这

---

① 柏青哥：俗称爬金库。柏青哥于1930年始于日本名古屋，发源自欧洲的撞球机。它分为两种，一种是弹子，一种是片子，在日本非常流行。
② NPO：是英文 non-profit organization 的缩写，直译为非营利组织，即不以营利为目的的组织。

■实战创业法

一点我们心知肚明。既然税收有保障，政府当然乐得一试。只不过，国民的看法可就有些微妙了。假如企业法人涉足博彩行业，难免会成为众矢之的，公益性组织一旦对该行业插手也一样避免不了遭到来自社会各方面的质疑。政府的出发点也是为了把流向澳门、新加坡或拉斯维加斯的资金争取到日本来，如果国民了解到这一点，可能就会理解政府的做法了。

此外，日本还有名目众多的赌马、自行车竞赛等博彩性质的经济活动。虽然这些地方有大笔税收上缴，但参赌人的资金却大都有去无回。在风云变幻的赌场却常驻着一支内幕军团，他们负责为投注者提供各种所谓的"内部消息"。这些人会神神秘秘地告诉你："这一注一定会中。"既然绝对中奖，自己买不就得了嘛，他们却极力推荐给别人。这分明就是在告诉我们，指望靠这一次赌注发财是不可能的。即使这样，他们也有自己的说辞："还是有中奖的希望的哦。"他们就是凭借自己的如簧巧舌赚点零花钱。这就是内幕人员的工作。博彩业在滋养了这些无业游民的同时，还在一定程度上扰乱了社会风气。不过话说回来，整个博彩行业中都存在着这类问题。

同样的问题也发生在毒品上。虽然放开毒品销售会给政府带来税收，可是人一旦上瘾，就欲罢不能。民众不禁要问：政府亲手把国民推入毒品的深渊，这真的好吗？

美国前总统奥巴马对大麻持如下见解："大麻和烟酒在本质上没有什么区别。一旦上瘾，它们给人体所带来的健康危害只是程度不同罢了。"如果是这样的话，大麻也能像烟酒一样被大众普遍接受吗？这种物质的流通在日本尚未获得允许，但美国一半左右的州已经对它解除禁令了。但是，作为一国政府或公益性较高的组织，如果它选择的投资活动可能给国民在道德和情操上带来严重的危害，这是非常不合适的，如九鬼一的著作《新式大学与使命经营[1]》中所说，我们必须从大局着眼，谨慎地判断如今倾心注力的事业是否已经远离初心。

---

[1] 使命经营：与追求利润不同，着重于社会责任及社会贡献的事业经营。

实战创业法

所以我要再次强调，即使现在手头持有闲置资金，用于投资的部分也绝不能超过总额度的 1/3，以免投资失败连累企业破产。另外，与本职行业完全无关的经营领域，无论看到其他人获得怎样的暴利，一个负责任的经营者都不应该轻易出手。

稳步运营，展现辉煌成果

基本上来讲，我认为稳步经营才是一种相对稳妥的做法。这同样是我们集团的基本理念。我们坚持募捐所得的财产必须统一规划，不得擅自使用。一旦需要投资也必须用在保本的项目上。我们集团在经营学园的同时，还参与了一些 NPO 的活动。这些都是在主业资金实力绰绰有余的前提下得以实现的。学园事业部分的运营只要保持在所有成员支持的范围之内，就会稳步向前发展。至于募捐得来的资金却不能因为这是一笔盈利而随意挥霍，因为那样很容易使集团失信于大众。我们必须努力，在一定程度上构筑一个坚固的财务基础，潜心钻研如何让研发成果获得专利并创造商业价值，如何创收，如何让学园毕业生在社会上脱颖而出，进而为集团的募捐做出更大的贡献。

举例来说，哈佛大学拥有 3 万亿日元的基金。学校号召学生们："如果毕业后能拥有自己的一份辉煌，请积极捐助母校！"在这样的号召下，优秀毕业生们纷纷慷慨解囊，真诚回馈母校，哈佛才逐渐积累了如此规模的资金。我们集团同样如此。即使如今教育项目入不敷出，需要动用其他部门的资金填补这部分赤字，但我相信，10 年、20 年乃至 30 年以后，等我们的毕业生出人头地，在事业上取得成功后，他们也一定会为母校慷慨募捐的。现在我们的财政基础稳若磐石，保证教育版块的支出也完全没有问题。

我们集团虽然还负担着一些部门的亏损，但董事会已经要求这些部门也必须完成我们规定的目标，奉上让大家引以为傲的业绩。

后 记

经营是每日都有新"创造"的过程,创新的过程乐趣无穷。这个过程包括开发出前所未有的新商品、创造出带给人感动的新服务,以及挖掘出无人想到的新需求。其实,创立新事业的灵感就沉睡在大街小巷里。

然而,创业容易守业难。刚开业时大排长龙、还上过杂志电视的网红店,两三年之后销声匿迹已经是家常便饭。正所谓"诸行无常",经营是一件非常残酷的事。倘若不一门心思地去争取利润,企业必定会走向衰败。

对于有志独立创业并将企业逐渐做大的年轻人，本书会指导大家如何在企业发展中合理构建阶段性的组织结构。当然，这本书是在我钻研了各类知识、对经济学及经营学有了相当多的了解的基础上，结合自己在实战中总结出的丰富经验而写成的。这并非单纯依靠"直觉"，那些以知识和经验为支撑的智慧人士的"直觉"同样值得尊重。

我的工作需要时时考虑如何更加有效地利用时间、如何迅速果断地解决问题、如何让手头积攒的工作量降到最低以及如何从整体上统筹各类工作。另外，我每年还要举办近两百次演讲，出版上百本书籍（如果包括集团内部读物，总数将超过三百本）。"当成功时则成功"的秘诀就藏在如何管理时间、拥有怎样的学习习惯以及"当日事当日毕"的坚定意志中。本书如果能为将来的风云人物提供任何参考，我将感到荣幸之至。

大川隆法